KB139934

6인의 전문가가 말하는

안달루시아 문명교류

Andalusian Civilizational Exchanges described by 6 Scholars

6인의 전문가가 말하는

안달루시아 문명교류

Andalusian Civilizational Exchanges described
by 6 Scholars

– 지중해지역원 지음

이 저서는 2018년 대한민국 교육부와 한국연구재단의 지원을 받아 수행된
연구임(NRF-2018S1A6A3A02022221)

CONTENTS

머리말

안달루시아의 문명교류

(Civilization-Exchanges in Andalusia)

안달루시아의 문명교류
(Civilization-Exchanges in Andalusia)

윤용수

21세기 인류가 누리고 있는 문화와 번영은 특정 민족이나 국가의 전유물이 아닌 전체 인류의 공공재이다. 우리의 역사는 이러한 성취가 소통과 교류, 융합을 통해 실현되어 왔음을 말없이 웅변하고 있다.

서구 문명의 원류인 고대 그리스문명도 오리엔트문명의 성취를 자양분으로 하고 있으며, 인류 최초의 글로벌 문명이라 할 수 있는 헬레니즘문명도 동서양 문화의 융합을 통해 발전한 것이라는 점을 우리는 잘 알고 있다.

따라서 인류 문명의 본질과 특성 및 발전의 동력은 문화간 교류와 융합에 의한 발전적 진보로 해석될 수 있을 것이다. 이런 측면에서 근대 이후 유럽인들이 인류 문명을 유럽인들의 업적과 그들의 성취로만 파악하는 오리엔탈리즘적인 사고는 역사에 대한 오만이며 왜곡이라 하겠다.

지중해는 다양한 성격의 문화와 국가들이 이 바다를 중심으로 자리 잡고 상호교류를 통해 인류 문명을 함께 발전 시켜온 대표적인 지역이다. 오리엔트문명의 도움이 없었으면 헬레니즘문명은 그 빛을 발하기 어려웠을 것이고, 로마-비잔틴문명의 자양분 공급이 없었으면 이슬람문명 역시 아라비아반도의 지역 문화에 그쳤을 것이다. 따라서 지중해의 개별 문명들은 타 문명에 빚을 지고 있고, 이들 지중해 문명들을 연결시켜준 매개는 지중해라는 바다였다. 즉, 지중해는 분리가 아니라 연결의 통로이자 매개인 것이다

지중해 문명의 발전 단계는 오리엔트문명을 시작으로 그리스문명, 헬레니즘문명, 로마문명, 비잔틴문명, 이슬람문명과 투르크문명으로 계승, 발전해 왔다.

따라서 지중해 문명권은 지중해라는 바다를 중심으로 그 주변의 국가들이 기존의 문명을 수용하여 발전시킨 후 주변 국가에 인계하는 과정을 반복적으로 거치면서 지속적으로 발전하는 순환 구조의 특징을 보여 주고 있다. 이러한 역사적 사실들을 실증적으로 보여 주고 있는 곳이 이베리아반도이다.

유럽 문화의 뿌리인 기독교 문화와 아랍을 대표하는 이슬람문화는 지중해를 통해 공존과 대립, 갈등과 화해를 반복하며 지중해문화권을 발전시켜 온 양대 축이었고, 이 두 문화가 절묘한 조화와 융합을 통해 이상적으로 발전한 것이 이베리아반도의 안달루시아문명이라 하겠다.

이베리아반도는 기원전 3,000년경 이곳의 원주민이라 할 수 있는 북아프리카 이주민과 켈트족의 정착 이후에 페니키아, 로마, 서고트, 이슬람 그리고 기독교문명을 담고 있는 대표적인 복합 문명권 지역이다.

이베리아반도는 카르타고의 영웅 한니발이 포에니 전쟁의 복수를

위해 로마 원정을 시작한 땅이며, 다마스쿠스 아랍 이슬람왕조인 우마이야왕조의 후예들이 지브롤타를 건너와 화려한 이슬람의 꽃과 선진 문화를 이식한 땅이기도 하다. 또한 700년이 넘는 이슬람 세력의 지배를 극복한 레콩키스타(Reconquesta)의 현장이기도 하다.

1492년 레콩키스타가 완성된 이후, 이사벨 여왕 중심의 통일 스페인 왕국은 해양 항로 개척, 신대륙의 발견과 해외 식민지 확장 등 빠른 속도로 제국주의화 되어 갔고 15~17세기에는 지중해 최강 국가로 발전하여 원조 '해가지지 않는 나라'의 영광을 누리기도 했다.

그런데 여기서 한 가지 의문점이 생긴다. 800여년 가깝게 이슬람의 지배를 경험한 스페인이 식민 지배를 벗어나자마자 이렇게 강성한 국가로 발전할 수 있었던 배경과 원동력은 무엇일까? 계속된 이슬람 국가들과의 오랜 전쟁으로 인해 스페인왕국들의 국력이 피폐해졌음에도 불구하고, 레콩키스타 이후 단기간에 통일 스페인이 '해가지지 않는 나라'로 발전할 수 있었던 배경과 원동력은 무엇일까?

물론 레콩키스타를 수행하는 과정에서 독립과 가톨릭 국가 회복을 소망하는 국민들의 통일된 열망이 국민들을 단합시켜 강성한 국가로서의 기반을 구축해 나갔다고 할 수 있다. 또한 콜럼버스의 신대륙 발견으로 인한 국부(國富)의 증가와 통일된 스페인왕국의 시너지 등 다양한 요소들을 말할 수 있겠지만, 이러한 설명만으로는 충분하지 않다. 필자의 생각으로는 무엇보다 이슬람 지배 기간에 안달루시아왕국을 통해 이베리아반도에 축적된 국가 잠재력과 에너지가 발휘된 까닭이 아닌가 한다.

유럽의 서쪽 끝에 위치한 이베리아반도는 고대부터 페니키아, 로마와 서고트의 지배를 받은 유럽의 변방 지역이었다. 중세 유럽인들은 '피레네 산맥 남쪽은 유럽이 아니다'라고 말할 정도로 이베리아반도는 유럽의 변방이었다. 유럽과 아프리카를 연결하는 교차로라는 지리적 장점은 아랍-이슬람 국가가 북아프리카를 벗어나 유럽에 진출하기 위한 교두보를 제공할 뿐이었다.

이처럼 유럽의 변방이었던 이베리아반도는 이슬람의 치하에서 유럽의 가장 발전된 문화와 지식의 중심지로 거듭났다. 이슬람이 지배한 800여년 동안에 이베리아반도는 아이러니하게도 역사상 가장 큰 발전과 번영을 누린 것이다.

유럽이 야만과 어둠에 빠져 있던 중세 시대에 안달루시아는 유럽은 물론 지중해 지역 전체에서 바그다드와 함께 학문과 지식의 중심지로서 가장 선진 문화를 구가하는 지중해의 중심 지역으로 발전했다. 유럽 지역의 젊은 지성과 학자들이 선진 문명을 배우기 위해 몰려든 곳이 코르도바, 톨레도, 세비아였다. 이는 이베리아반도가 이슬람이 지배했던 800여년 동안에 정치적으로는 식민 상태였으나 문화, 경제적으로는 최고의 전성기를 누리고 있었음을 의미한다.

유럽의 변방이었던 이베리아반도가 유럽의 중심지이자 지중해의 중심지가 될 수 있었던 이유는 무엇일까?

이러한 역설을 가능하게 한데에는 지배층이었던 무슬림이 보여주었던 '콘비벤시아(Convivencia)' 정신이 중요한 요인이 되었다고 생각한다. 이베리아반도를 점령한 무슬림들은 기존에 거주하고 있던 토착민과 유대인 및 기독교도들에게 종교적 관용을 베풀었을 뿐만 아니라 사회적, 경제적 자유와 권리도 함께 허용했다. 이베리아반도의 비(非)무슬림들은 자신들의 신앙을 존중받았고, 기존에 누리고 있던 사회적, 경제적 지위도 보장받는 비교적 자유로운 삶을 누릴 수 있었다. 이슬람왕국은 서고트왕국이 부과하던 각종 세금을 경감시킴으로써 기층민들의 사회적, 경제적 안정을 보장했다.

이러한 사회적 안정은 기층 민족들의 이슬람에 대한 저항감을 경감시켰을 뿐만 아니라, 다른 유럽 지역의 인구를 흡입하는 효과를 가져 왔다. 당시 코르도바의 인구가 50만이 넘었다는 것이 이를 증명한다. 유럽의 주택들이 상하수도와 화장실을 갖추고 있지 못할 때, 코르도바의 일반 주택들도 화장실과 하수도 시설을 갖추고 있었다. 유럽의 도로들이 비포장인 상태로 방치되어 있을 때, 톨레도의 도로는 모두 포장되어 있었고, 유럽의 밤이 횃불로 밝혀지는 어둠의 도시였을 때, 세비야의 밤은 가로등이 밝히고 있었다.

이슬람의 통치 하에서 학문이 보호되고 장려된 결과, 유럽의 젊은 지성과 학자들이 이베리아반도로 몰려 들었다. 코르도바 도서관에 소장된 440,000권 이상의 문헌은 당시 전 유럽 도시들이 소장한 문헌보다 양적으로 많았다. 유럽이 여전히 양피지를 사용하고 있을 때, 안달루시아에는 종이가 보급되어 있었다. 세비야와 톨레도에는 당시 지중해 지역의 교통어(lingua franca)였던 아랍어로 기록된 문헌들을 라틴어로 번역하는 작업이 활발하게 이루어졌고 유럽지역 출신의 유학생들은 아랍어 학습에 열을 올리는 것은 물론 라틴어로 번역된 문헌을 유럽으로 가져가 교육 자료로 활용하기도 했다.

결국 8~15세기 지중해 전체의 관점에서 본다면, 지중해 동쪽에 위치한 압바스제국의 수도 바그다드의 '지혜의 집'과 같은 번역기관에서는 고대 시리아어, 아람어, 페르시아어, 그리스어와 라틴어 등으로 기록된 각종 문헌과 외부 세계의 지식들이 아랍어로 번역되었다.

즉, 동쪽의 바그다드는 아랍 세계의 학문과 지식 체계 형성에 크게 기여한 외부 세계의 지식과 문화의 흡입구 역할을 수행한 것이다.

동시에 지중해의 서쪽에 위치한 안달루시아왕국은 세비야와 톨레도를 통해서 아랍어가 다시 라틴어로 번역되어 유럽의 지적 갈증을 해소해 주는 지식과 학문의 출구 역할을 수행했다. 즉, 지중해 동단(東端)과 서단(西端)의 2축(바그다드, 안달루시아)을 중심으로 거대한 지중해 문명과 지식의 체계가 무슬림들에 의해 구축된 것이다. 이러한 지식 순환 체계는 이슬람 세계만의 발전을 가져온 것이 아니라, 지중해의 문명과 지식체계의 발전 및 고도화를 동반했다.

이렇게 축적된 이베리아반도의 에너지가 레콩키스타 이후 통일 스페인의 잠재력이 되었고, 해양 개척과 신대륙 발견을 통해 해가 지지 않는 스페인 건국의 원동력이 되지 않았나 한다. 즉, 15세기 이후 이베리아반도의 정치적, 군사적, 경제적, 문화적 강성함의 기저에는 콘비벤시아를 통해 자유를 보장한 이슬람의 포용 정신이 흐르고 있고, 이슬람 문화를 긍정적으로 수용하여 발전시킨 이베리아인들의 문화적 지혜와 능력의 결실이 있지 않았나 하는 생각을 지울 수 없다. 문화 융합의 에너지를 긍정적으로 발전시킨 결과가 16세기 이후 이슬람에서 벗어난 이베리아반도의 문화적, 경제적, 정치적 번영이었다는 생각이다.

그러나 통일 스페인의 영광은 오래가지 못했다. 통일 스페인의 국모(國母)로 칭송받는 이사벨 여왕은 스페인의 부국강병에 큰 기여를 한 것이 사실이지만, 기독교주의자로서의 한계를 벗어나지 못하고 종교재판소를 설치하는 등의 커다란 실책을 저질렀다. 종교재판소를 통해 유대교와 무슬림을 탄압한 결과, 유대인과 무슬림들의 학살 및 엑소도스를 초래했다. 이베리아반도에서 유대인과 무슬림의 추방은 곧 이베리야반도 국가 발전 에너지의 감소 내지는 소멸을 의미했다.

유대인과 비무슬림에 대한 탄압정책으로 이사벨 여왕 자신은 교황청으로부터 '가톨릭의 수호자'라는 명예를 얻었지만, 그녀의 판단과 정책은 결국 통일 스페인의 몰락을 가져오는 단초를 제공하고 말았다. 신대륙을 통해 엄청난 부가 축적되었지만, 스페인의 몰락을 막지는 못했다. 관용과 공존을 통해 힘과 에너지를 축척한 스페인은 비관용과 순혈주의 정책을 통해 국력을 소진시키는 어리석음을 저지른 것이다. 즉, 콘비벤시아가 스페인의 영광을 만들었고, 종교적 순혈주의가 스페인의 몰락을 가져왔다 할 수 있겠다.

역사는 끝없이 순환되고 반복된다. 인류의 공영과 발전을 가져 오는 것은 관용과 상호 교류를 통한 공존이며, 배척과 자국 중심의 이기주의와 순혈주의는 몰락을 가져 온다는 사실을 중세 안달루시아의 역사가 21세기에 가르쳐 주고 있다. 아이러니하게도 오늘날 지구촌의 초강대국인 미국 역시 다민족 국가로서, 자유와 융합, 공존의 가치 하에 최고의 번영을 누리고 있으며 함의하는 바가 크다고 할 것이다.

이 책에서는 문명교류와 융합을 통한 성공적 사례로서 이베리아반도에서 일어난 문명교류를 다양한 시각과 차원에서 다루고 있다. 지중해의 많은 지역과 국가 중 문명교류의 효과와 결실이 가장 풍성하게 나타나고 있는 이베리아반도는 교류와 융합을 통해서 문명과 문화가 발전해 나간다는 역사적 사실을 다시 한번 우리에게 깨우쳐 주고 있다. 이 책이 더불어 살아가는 21세기 사회에 필요한 가치들을 생각해 보는 계기가 되었으면 한다.

1부

관용과 공존의 시험장, 안달루시아

(The Land of Tolerance and Coexistence, Andalusia)

관용과 공존의 시험장, 안달루시아 (The Land of Tolerance and Coexistence, Andalusia)

김수정

지중해의 서쪽 끝에 위치한 이베리아반도는 지리적으로 볼 때, 동서로는 지중해와 대서양의 지리적 경계이고 남북으로는 유럽 대륙과 아프리카 대륙의 접점이다. 유럽과 아프리카를 나누고 있는 지브롤터(Gibraltar) 해협은 폭이 좁은 곳은 14㎞에 불과해 유럽의 최남단인 타리파 항구에서 아프리카 탕헤르 항구가 육안으로 보일 정도이다. 따라서 이베리아반도는 유럽의 아프리카 진출과 아프리카의 유럽 진출을 위해서는 반드시 통과해야 하는 길목인 동시에 양자의 문화를 연결하고 소통시키는 문화적 완충 지대이다.

현재 이베리아반도는 스페인과 포르투갈의 영토이지만, 남부의 지브롤터는 영국령이고, 북부 아프리카의 세우타(Ceuta), 멜리야(Melilla), 페뇽 데 벨레스 데 라 고메라(Peñón de Vélez de la Gomera)와 카나리아(Canarias) 제도가 스페인 영토라는 점은 이 지역이 문화 간 접변과 교류의 중심이라는 사실을 의미한다.

이베리아반도의 지리적, 역사적, 문화적 중요성을 간과한 일부 중세 유럽인들은 피레네 산맥 남쪽은 유럽이 아니라고 생각했고, 근대에 들어 나폴레옹조차도 '피레네 산맥 남쪽은 아프리카이다'라고 말할 정도로 이베리아반도에 대한 이해도가 낮았다.

프랑스와 이베리아반도는 해발 3,000m가 넘는 거대한 피레네 산맥이 가로막고 있고, 이베리아반도 최남단 도시 타리파(Tarifa)와 북아프리카 최북단 도시 탕헤르(Tangier)는 서로 육안으로도 볼 수 있는 지근거리에 있기 때문에 중세와 근대의 유럽인들은 이베리아반도를 유럽보다는 아프리카로 이해했던 것 같다.

이베리아반도의 이러한 지리적 환경때문에 중세 유럽인들은 이베리아반도를 등한시 하는 경향이 있었고, 서고트족의 정착 이후에는 더욱 도외시했다. 아프리카를 건너 유럽으로 북진하는 이슬람을 저지하는 저지선으로 이베리아반도를 간주하는 경향마저 있었다.

반면 북아프리카에 거점을 둔 아랍·이슬람세력에게 이베리아반도는 자신들의 세력과 영토 확장을 위해 꼭 필요한 땅이었다. 북아프리카에 비해 비옥한 이베리아반도의 농토는 아랍인들에게 대단한 유혹이었을 것이다.

중세 지중해 문명을 이끌 차비를 하고 있던 이슬람문명은 CE 711년 마침내 지브롤터 해협을 건넜고, 이후 약 800년 동안 이슬람문명을 이베리아반도에 이식하며 이문화(異文化) 간 관용과 공존의 시대를 열었다.

이슬람문화가 이식된 약 800년 동안 이베리아반도는 '지중해의 꽃'으로 불릴 만큼 화려한 문화를 꽃피웠고, 지중해 전체에서 가장 번영하는 지역들 중 하나로 발전했다. 이슬람 지배 기간 동안 축적된 문화, 학문적 에너지는 아이러니하게도 이슬람이 이베리아반도에서 축출된 16세기 이후 무적함대의 통일 스페인을 출현시키는 원동력이 되었다.

대부분의 경우 문화 간 접변과 교섭은 새로운 발전을 잉태한다. 이베리아반도는 기독교와 서고트문화가 지배하던 이 지역에 이슬람 문화와 지식이 이식됨으로써 접변과 교류에 의한 발전을 실증적으로 보여 주었다. 이베리아반도는 교류와 공존, 관용과 상생이 인간의 삶을 어떻게 변화시킬 수 있는지를 생생하게 보여주고 있다.

이러한 사실을 고려할 때, 이베리아반도의 역사를 이슬람 이전의 잉태기, 이슬람 지배 기간의 융합기 그리고 독립 이후의 융성기로 구분해서 관찰하는 것도 이 지역의 역사와 문화를 이해하는 좋은 방안이 될 것 같다.

잉태기_혼종의 싹

초기 이베리아문화는 BCE 3000년 전 북아프리카에서 건너온 이주민(이베로족)과 BCE 1,000년경 북유럽에서 남하한 이주민(켈트족)들이 이베리아반도의 남부와 북부에 각각 정착하면서 성립되었다. 이후 이베리아반도는 동부 지중해에서 온 페니키아, 그리스, 카르타고, 중부에서 온 로마, 북유럽에서 남하한 서고트의 지배를 받으면서 성격상 혼종 문화의 특징을 가질 수밖에 없었다.

따라서 이베리아반도의 문화적 잉태기는 북아프리카와 북유럽에서 이주민이 정착하여 공동체를 형성한 이후 페니키아, 그리스, 로마와 서고트 등 지중해 전 지역에 걸쳐 있던 외부 세력의 지배를 받은 시기라 정의할 수 있겠다.

이 시기에 이베리아반도에서는 이민족의 지배하에서 초기의 문화와 문명이 성립되고 있었다. 즉, 페니키아와 그리스의 해양 문명과 로마의 범지중해 문명이 융합되고 기독교가 뿌리내리던 시기였다.

지중해를 횡단해 이베리아반도에 정착한 페니키아인들과 그리스인들은 자신들의 정착촌을 건설했고, 2차 포에니 전쟁의 주역인 카르타고의 한니발(Hannibal Barca, BCE 247∼183)은 이베리아반도에서 군대를 일으켜 코끼리 군단을 거느리고 피레네 산맥을 넘어 로마를 위협했다.

로마인들은 포에니 전쟁에서 승리한 후, 카르타고의 식민지였던 이베리아반도를 접수하고 '히스파니아"(Hispania)'로 불렀으며 로마의 법률과 제도, 학문과 지식 체계를 비롯한 로마의 문물을 이베리아반도에 이식했다. 로마 특유의 거대한 수도교가 지금도 이베리아반도에 남아 있는 이유이다.

로마는 이베리아반도에 사라고사, 발렌시아, 레온과 같은 도시를 건설했고 올리브 양모, 금과 은, 포도주 등을 가져갔다. 로마의 13대 황제 트라야누스(Trianus, CE 53∼117)와, 동로마와 서로마를 모두 통치한 마지막 황제이자 기독교를 제국의 국교로 지정한 테오도시우스 1세(Theodosius Ⅰ, CE 347∼395)는 이베리아 출신이었다.

이처럼 이베리아반도는 로마의 속주였으나 점차 로마 제국의 중심으로 변모해 갔으며 로마의 영향으로 법률과 제도가 안정되고 기독교가 확산되면서 사회적, 경제적, 문화적 번영을 누렸다.

CE 5세기 로마의 쇠퇴와 함께 서고트족과 반달족 등 게르만 부족이 피레네 산맥을 넘어 이베리아반도로 이주했고, 서고트족은 다른 게르만 부족들을 진압한 후 서고트왕국(CE 414~711)을 건설했다.

서고트왕국은 국왕 중심의 중앙집권체제가 아니라, 각 지방 영주들이 각각의 군대를 보유하고 영향력을 행사하는 분권적 국가 형태였다. 서고트왕국 건설에 참여했던 부족장들이 지방을 차지하고 영주가 되어 막강한 세력을 과시했기 때문에 중앙과 지방 간, 또는 각 지방 간의 크고 작은 갈등과 알력이 계속되었다. 산악과 구릉지로 나누어져 있는 이베리아반도의 지리적 환경 역시 중앙집권 국가의 출현을 가로 막은 요소 중 하나였다.

왕위를 둘러싼 서고트왕국의 갈등과 내분은 북아프리카에 있던 아랍·이슬람세력이 이베리아반도를 공격할 수 있는 단초를 제공했다. 결국 CE 711년 베르베르 출신인 타리크 이븐 지야드(Tariq ibn Ziyad, CE 720 사망)가 이끄는 이슬람군대는 지브롤터 해협을 건너 이베리아반도에 진입했고 서고트왕국은 멸망하고 말았다.

초기 정착민부터 북아프리카와 북유럽인들로 구성된 이베리아반도는 문명의 잉태기부터 지중해 전 지역에 걸친 이민족의 침입과 지배를 받으며 외래 문화가 유입되어 다문화적 성격을 띠게 되었다. 즉, 페니키아와 그리스의 해양 문화와 로마의 반도 문화 및 서고트의 대륙 문화가 혼재된 혼종 문화의 성격을 띠게 된 것이다. 여기에 이슬람문화가 더해짐으로써 이베리아반도는 지중해 다문화 문명의 전시장이자 혼종 문화의 전형을 보여 주게 되었다.

융합기_이슬람문명의 확장

이슬람문명의 북아프리카 및 서지중해 지역 진출은 CE 639년 아므르 븐 아스(Amr bn Al-As, CE 573~664)가 이끄는 아랍·무슬림군대의 이집트 정복을 위한 출병의 시작이었다. 동지중해의 전략적 요충지인 이집트를 정복하기 위해 출병한 아랍·무슬림군대는 CE 643년 이집트, CE 647년 튀니지, CE 683년 모로코 등 불과 40여년 만에 북부 아프리카를 정복했고 CE 711년에 지브롤터 해협을 거쳐 이베리아반도에 진출하기에 이르렀다.

아랍인들이 이슬람의 확장을 위해 최초로 아라비아반도를 벗어나 이집트를 공격할 당시 군대는 4,000명에 불과했다. 이후 전쟁을 거듭할수록 이슬람 군대에 참전한 군사의 수는 늘어났다. 이슬람 군대가 이베리아반도를 점령하기 위해 지브롤터 해협을 건널 때의 군사는 북아프리카의 기층 민족인 베르베르인 등 피정복민의 참전으로 12,000명으로 늘어났다. 즉, 아랍·이슬람 정복군이 CE 639년 아라비아반도에서 출정할 당시에는 아랍 부족 연합군의 성격이었지만, 지브롤터 해협을 넘을 때는 아랍 부족의 범위를 넘어 이슬람 연합군의 성격을 띠고 있었다.

이베리아반도는 CE 8세기에 아랍·이슬람 세력이 영토 확장과 대정복 활동을 하면서 아프리카 대륙을 벗어나 첫발을 내디딘 지역이었다. 이베리아반도의 비옥하고 기름진 땅은 아랍·무슬림을 유혹하기에 충분했을 것이고, 이슬람의 유럽 진출과 확산을 위해서도 이베리아반도는 무슬림들에게 필요한 땅이었다. 즉, 아랍·이슬람 세력의 이베리아반도 진출은 CE 7세기 아라비아반도의 메카에서 시작된 이슬람 대정복 활동의 연장선상에 있었다.

더구나 서고트왕국의 왕위 계승을 둘러싼 고질적인 정치적 분열과 혼란은 아랍·무슬림의 이베리아반도 진출을 한결 용이하게 했다. CE 710년, 서고트 왕 위티자(Witiza, CE 633~710)가 죽자, 왕위 계승을 둘러싸고 반도 북쪽 지역을 차지하고 있던 그의 아들 아길라 2세(Achila Ⅱ, CE 714 사망)와 남쪽 지역을 장악하고 있던 로데릭(Roderic, CE 712 사망) 사이에 전쟁이 일어났다. 갈등과 불화 끝에 로데릭이 왕위에 오르자, 이에 불만을 품은 아길라 2세와 그 추종 세력이 반란을 일으켰다. 이들은 당시 북아프리카 이슬람 총독이었던 무사 빈 누사이르(Musa bin Nusair, CE 640~716)에게 지원을 요청했고, 이 요청에 따라 무사는 타리크 븐 지야드를 사령관으로 하는 베르베르-아랍인 혼성 군대를 이베리아반도에 파견했다.

지브롤터 해협을 건너 이베리아반도에 상륙한 아랍무슬림 군대는 로데릭이 이끄는 서고트의 군대와 세비야 남쪽에 위치한 과달레테(Guadalete)에서 격돌했다. 이 전투에서 이슬람 정복군은 로데릭의 서고트군을 손쉽게 궤멸시켰다. 왕위 계승 과정에서 심각한 도전에 직면했던 로데릭은 왕국을 완전히 장악하지 못하고 있었기 때문에 이슬람 정복군과의 전투에 제대로 대응하기 힘들었고, 결국 전사하고 말았다.

로데릭의 서고트왕국은 정치적 혼란과 함께 백성들의 지지도 받지 못했다. 이베리아반도의 이베로 로마인은 서고트왕국의 과두적인 지배를 견디기 힘들어했고, 왕위 계승 때마다 반복되는 유혈 투쟁은 백성의 삶을 고달프게 했기 때문에 백성들은 서고트왕국의 붕괴를 환영한 측면도 있었다.

이후 이슬람 정복군은 무사 빈 누사이르가 보낸 원군과 합류하며 군세가 더욱 강해졌고, 서고트왕국으로부터 별다른 저항도 받지 않으며 마치 정해진 코스를 따라가듯이 이베리아반도를 점령해 나갔다. 더 이상 이슬람 정복군을 저지할 저항 세력은 이베리아반도에 남아 있지 않았다.

아랍·이슬람 군대가 지브롤터 해협을 건넌 것은 CE 711년이고, 그들이 '위대한 길'(al-ʔarḍ al-kabīr)이라 명명한 북진로를 따라 승승장구하며 전진을 계속하다 피레네 산맥에서 칼 마르텔(Charles Martel, 688~741)과의 뚜르(La Tour)전투에서 패배하여 이베리아반도 점령이 중단된 것은 CE 732년이었다. 불과 20년 만에 이베리아반도의 대부분을 실질적으로 점령한 것이다.

<이슬람 세력의 이베리아반도 진격로>

이는 아랍·이슬람 군대의 이베리아반도 정복이 그만큼 빠르고

전격적으로 진행되었음을 의미한다. 이베리아의 주민들은 서고트왕국의 과도한 세금과 강압적인 통치에 고통받고 있었기 때문에 서고트왕국을 무너트린 아랍·이슬람 정복군을 환영한 측면도 있었다. 그들은 단지 아랍인들의 정복활동을 돕는 것에 그친 것이 아니라 비밀 협약을 맺고 지원을 했을 가능성도 배제할 수 없다. 일부 연대기 자료에 의하면, 아프리카 세우타 총독이었던 훌리안의 딸이 톨레도에서 로데릭에게 능욕을 당했고, 이에 격분한 훌리안이 가문의 명예를 지키고 딸의 복수를 위해 아랍·이슬람 정복군의 이베리아반도 진출을 지원했다고 한다. 즉, 아랍·이슬람 세력의 이베리아반도 정복은 이슬람군대 자체의 군세가 강했다기 보다는 서고트왕국 지도층의 내분과 분열, 백성들의 외면으로 스스로 자초한 측면이 크다 하겠다.

이슬람 군대의 이베리아반도 진격을 결정한 인물은 다마스쿠스의 우마이야왕조가 파견한 북아프리카 총독 무사 빈 누사이르였다. 무사의 지시에 따라 타리끄의 무슬림 군대가 이베리아반도를 점령하며 이슬람의 영토를 확장하고 있었지만, 정작 다마스쿠스에 거점을 둔 우마이야왕조는 압바스 가문에 의해 전복되어 멸망하고 말았다. CE 750년 다마스쿠스를 수도로 한 아랍 이슬람 왕국인 우마이야조의 패망은 지중해 건너편에 위치한 이베리아반도의 상황을 급격하게 변화시켰다. 압바스 가문에게 패망한 우마이야왕조의 후손은 정치적 탄압을 피해 이베리아반도로 도주했고, 이베리아반도는 그들에게 우마이야왕조를 재건할 수 있는 토대를 마련해 주었다.

패망한 우마이야왕조의 후손인 압둘 라흐만 I 세(Abdul Rahman I, 재위 756~788)는 755년 이베리아반도에 도착한 이듬해에 코르도바를 수도로 하는 안달루시아왕조(후기 우마이야왕조)를 건설했다. 압둘 라흐만 Ⅱ세(재위 822~852)는 안달루시아왕조의 경제적, 문화적 번영의 기초를 세웠고 압둘 라흐만 Ⅲ세(재위 929~961)는 스스로를 칼리파라 칭하며 안달루시아왕조를 전성기로 이끌었다. 10세기 지중해의 이슬람 세계에는 동쪽 바그다드의 압바스왕조, 북부 아프리카 이집트의 파티마왕조와 서쪽 이베리아반도의 안달루시아왕조가 공존했고 세 국가는 서로 경쟁하며 협력하는 관계를 유지했다.

여기서 한 가지 의문이 있다. 패망한 우마이야왕조의 인물들이 이베리아반도로 이주한 후에 안달루시아왕조를 건설하고 빠른 시간 안에 안정과 성공을 거둘 수 있었던 원동력은 무엇이었을까? 그리고 정치적으로 이미 패망하고 몰락한 왕조의 인물들이 재기할 수 있었던 원인은 무엇이었을까?

이는 아마도 안달루시아왕조의 개국자인 압둘 라흐만 1세의 정치적 능력과 상황 판단력 및 그가 취한 정책에서 그 원인을 찾을 수 있을 것 같다. 압둘 라흐만 I 세는 우마이야왕조의 제10대 칼리파 히샴의 손자였다. 압바스 가문의 반란과 공격을 피해 현재의 북아프리카 모로코로 피신한 압둘 라흐만 I 세는 자신의 모친이 베르베르족이었고, 마그레브 지역은 아직 압바스왕조 영향력이 미치지 않고 있었기 때문에 마그레브 지역에서 재기를 노릴 수 있었다. 그러나 현실적으로 압바스 가문과의 전쟁에 승산이 없음을 파악한 압둘 라흐만 I 세는 북아프리카 총독 무사의 지휘 하에 이미 이슬람화된 이베리아반도를 통해 재기의 발판을 마련하였다.

압둘 라흐만 I 세가 안달루시아왕국에서 취한 정책의 기본 방향은

'콘비벤시아(Convivencia)'로 정의되는 관용과 공존의 정책이었다. 압둘 라흐만 I 세는 자신들이 소수 세력이란 점을 잘 파악하고 있었기 때문에 국가의 안정적 정착을 위해 타민족, 타종교와의 조화와 공존이 무엇보다 필요하다는 것을 깨닫고 있었던 듯하다.

이슬람 군대는 군사적으로 이베리아반도에서 우월한 지위를 차지하고 있었지만 이들의 정책은 기본적으로 현지문화를 파괴하기 보다는 기층문화를 수용하고 이들과 공존하는 것이었다. 이슬람 정복군은 이베리아반도 원주민들에게 그들의 종교와 문화 및 언어를 존중하는 포용정책을 실시했다. 즉, 피정복민을 억압하기 보다는 그들을 포용함으로서 무력 정복에 따른 저항감을 최소화시키고, 피정복민의 정서적 지지를 이끌어 냄으로써 결과적으로 이슬람의 확산이라는 성과를 거두었다. 압둘 라흐만 I 세는 종교와 부족의 경계를 넘어 인재를 채용하는 탕평책을 실시했다. 이베리아반도에 이미 정착해 서고트왕국의 경제와 상업을 장악하고 있던 유대인을 경제, 행정, 학문 분야에 널리 발탁했고, 기독교도들에게도 그들의 기득권과 종교를 인정하는 관용을 베풀어 종교간, 문화간 공존을 시도했다. 이슬람법과 충돌하지 않는 범위 내에서 유대교와 기독교 공동체의 관습과 자치적인 운영도 허용했다.

콘비벤시아의 결과는 즉각적이었고 놀라웠다. 안달루시아왕조는 이슬람교, 기독교, 유대교가 서로를 인정하고 협력하는 공존의 문명을 꽃피웠고, 그 결과 수도 코르도바는 압바스왕조의 수도 바그다드에 비견되는 중세 이슬람문명의 중심 도시로 발전했다.

압둘 라흐만 I 세부터 Ⅲ세 시대까지 안달루시아왕조의 수도 코르도바는 이베리아반도는 물론 피레네 산맥 북쪽의 지역들을 포함한 지중해의 북서지역에서 가장 선진 문명을 자랑하는 도시로 발전했다. 코르도바의 50여 개에 달했던 도서관은 피레네 산맥 북쪽의 유럽이 갖고 있던 장서와 필사본보다 더 많은 도서들을 소장하고 있었다. 도로는 포장되어 있었고, 시장에는 사람들로 붐볐으며 도시의 밤은 가로등이 밝히고 있었다.

유럽의 지식인과 학생들은 선진 문물과 학문을 공부하고자 코르도바로 모여들었다. 이는 당시 코르도바가 이베리아반도는 물론, 지중해 전 지역에서 가장 선진화된 도시 중 하나였음을 의미한다. 코르도바에서 문화와 학문의 발전을 주도했던 무슬림은 중세 유럽의 암흑으로부터 이베리아반도를 보호했을 뿐만 아니라 유럽문명의 지적 어두움을 걷어내는 문명의 등불 역할을 했다. 유럽의 수많은 학자와 학생들이 코르도바와 톨레도를 찾았고, 고전 시대 학문과 철학이 아랍어와 라틴어로 번역됐다.

그러나 압둘 라흐만 Ⅲ세 이후 코르도바 안달루시아왕국은 급격히 쇠퇴했다. 코르도바의 마지막 왕인 히샴 Ⅲ세(재위 1026~1031)의 사망 이후 왕국은 베르베르인의 반란 등 내분을 겪게 되었고 중앙의 통제력도 약화돼 주요 도시마다 군주들이 난립하는 소왕국(Taifa)들로 분열됐다. 세비야, 톨레도, 사라고사 등 이베리아반도 주요 도시를 중심으로 생겨난 소왕국들은 상호 갈등과 대립 관계였으며, 실익이 없는 소모전을 치르는 사이 이베리아반도에서 이슬람 세력의 주도권은 점차 약화되었다.

이슬람 세력의 정치적 분열은 아스투리아스왕국(Kingdom of Asturias)을 중심으로 반도 북쪽의 가톨릭 세력들에게 국토 회복 운동(Reconquista, 레콩키스타)의 빌미를 제공했다.

1085년 톨레도가 가톨릭 세력에 점령되자 소왕국들은 전세 역전을 위해 북부 아프리카의 알무라비툰(Al-Murabitun, CE 1040~1147) 왕국에 지원을 요청했다. 이베리아반도에 진입한 무라비툰왕국은 제5대 아미르였던 알리 이븐 유수프(Ali Ibn Yusuf, CE 1084~1143)의 지휘로 가톨릭 세력의 남하를 저지함과 동시에 소왕국들을 제압하며 이베리아반도의 새로운 주인으로 등장했다. 그러나 안달루시아의 이슬람 세력은 1212년 라스 나바스 데 톨로사(Las Navas de Tolosa) 전투에서 가톨릭 세력에 패함으로써 이베리아반도에서 급격하게 약화됐고, 발렌시아(1238), 무르시아(1243), 세비야(1248)가 가톨릭 세력에게 차례로 점령됐다.

이런 와중에 그라나다를 거점으로 무함마드 I세(재위 1231~1272)가 건국한 나스르왕조(Nasr, CE 1230~1492)가 이슬람왕조의 명맥을 이어 갔으나, 이마저도 1492년 카스티야의 이사벨 여왕(1474~1504 재위)과 페르난도 2세(1479~1516 재위)의 연합군에게 점령되면서 이베리아반도에서 이슬람 세력은 완전히 축출되었고 기독교 세력의 이베리아반도 국토회복운동은 완성되었다.

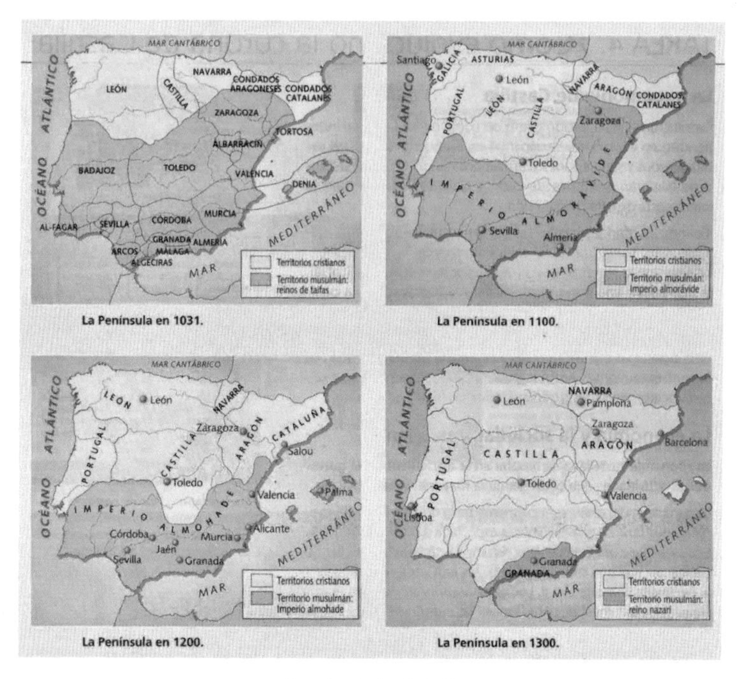

<레콩키스타의 진행상황>

CE 756년에 건국된 안달루시아왕국은 CE 1031년 히샴 Ⅲ세를 마지막 칼리파로 남기고 약 300여년 만에 역사에서 사라졌다. 관용과 공존을 국가 운영의 기본 방향으로 설정한 압둘 라흐만 Ⅰ세에서 압둘 라흐만 Ⅲ세에 이르는 시대는 최고의 번영을 누린 전성기였지만, 압둘 라흐만 Ⅲ의 손자인 히샴 Ⅱ세 시대 이후부터 안달루시아왕국은 쇠망의 길을 걷게 되었다. 어리고 병약한 히샴 Ⅱ세를 앞세운 알만수르(Al-Hajib al-Mansur 또는 al-Manzor, CE 938~1002)의 공포 정치가 결정적 계기였다. 알만수르는 레콩키스타 세력과의 계속된 전쟁에서 승리하며 '이슬람의 수호자'라는 명예를 얻었지만, 비무슬림들에 대한 가혹한 공포 정치로 백성들의 신망을

잃게 되었고, 이는 결국 콘비베시아의 붕괴를 의미했다. 즉, 콘비벤시아 정신은 안달루시아왕국의 번영을 가져왔지만 공존체제의 붕괴와 함께 안달루시아왕국은 분열과 멸망의 길로 들어섰다.

관용과 공존의 땅 이베리아반도

약 800년 동안 이베리아반도를 점령한 아랍 무슬림의 통치 방식은 다른 지역을 통치하던 방식과 크게 다르지 않았다. 아랍 무슬림 특유의 공동체 의식과 외래 문화 수용에 개방적인 방식이 이베리아반도에도 적용된 것이다. 이는 점령지에서 점령군과 피지배 민족의 차별을 최소화하는 신분 제도와 사회적 통합을 통해 공동체의 발전을 도모하는 시너지 효과를 가져왔다. 즉, 관용과 공존이 지배했던 시기의 안달루시아왕국에서는 경제, 문화, 학문, 예술과 건축 등 인간 삶의 전 영역에 걸쳐 눈부신 발전이 이룩되었다.

신분 제도

아랍·이슬람 사회의 신분은 크게 4개의 층위인 '무슬림 자유민, 마왈리, 딤미, 노예'로 구성되었다. 이슬람은 알라 앞에서 모든 인간이 평등하다는 평등사상을 강조했다. 하지만 사회적으로는 신분제도의 존재도 불가피했다. 현실적으로 신분 제도는 불가피했다.

무슬림 자유민은 사회의 완전한 성원으로서 로마 제국의 귀족과 같은 지위를 누렸다. 초기에 이들은 주로 아랍인 무슬림이었지만, 이후에는 마왈리들도 무슬림 자유민에 합류하게 되었다. 마왈리는

'성서의 백성'이라 불리는 유대교와 기독교, 조로아스터교 등에서 이슬람으로 개종한 자들과 비아랍인 무슬림을 지칭하는 용어이다. 우마이야왕조에 이들은 2등 시민으로서 만족해야 했으나, 압바스왕조에서는 주축 세력으로 부상하면서 무슬림 자유민으로서의 지위를 누렸다.

딤미는 이슬람 세계에 살고 있는 비무슬림을 의미했다. 이슬람은 유대교와 기독교도를 성서의 백성으로 수용하여 종교의 자유를 인정하였다. 그러나 이들에게는 조세(jizya)의 책임이 있었고 무슬림들에 비해 거주지, 복장 등에서 사회적 제약을 받았다.

마지막으로 노예는 전쟁 포로들로서 법적, 사회적, 경제적 권리를 행사할 수 없는 집단이었다.

이베리아반도의 아랍 무슬림은 자유민 신분의 사회 최상층으로 토지귀족이 되었다. 이들은 이베리아반도에 새로이 건설된 도시에 주로 거주하며 권력과 부를 누렸다.

이슬람으로 개종한 이베리아반도의 원주민을 뜻하는 '물라디(Muladí)'는 마왈리로서 조세 경감의 혜택을 받았던 반면, '모사라베(Mozarab, 무어인 치하의 기독교인)'는 딤미였다. 이들은 일정한 조세(jizya)의 납부를 조건으로 종교적 자유와 일정 수준의 자치권을 누렸다. 유대인 역시 자신의 종교를 유지하며 별다른 탄압과 불이익을 받지는 않았다. 모사라베와 유대교 모두 성서의 백성들이기 때문에 각자의 신앙을 유지하면서도 이슬람 공동체와 공존할 수 있었다. 모사라베는 이슬람 상위법과 저촉되지 않으면 자신들의 종교적 자유를 누릴 수 있었다.

안달루시아왕국은 본인의 종교적 선택에 따라 사회적 신분 이동

이 가능했기 때문에 다종교, 다민족, 다문화의 사회구조를 가졌음에도 불구하고, 사회 구성원 간 갈등을 최소화할 수 있었고 이러한 개방된 사회 분위기는 안달루시아왕국의 경제적, 문화적 번영을 가져오는 토대가 되었다.

물론 압둘 라흐만Ⅰ세의 융합 정책은 아랍 정복군과 피지배 민족을 동일시 한 것이 아니었다. 압둘 라흐만Ⅰ세의 뿌리라 할 수 있는 다마스쿠스의 우마이야왕조는 기본적으로 아랍인 중심의 이슬람 왕국이었다. 이슬람에서는 알라 앞에서 인간의 평등을 무엇보다 강조했지만, 다마스쿠스에서는 아랍인 우대주의가 일반화되어 있었다. 다마스쿠스 우마이야왕조에서 비아랍계 무슬림인 마왈리는 비록 무슬림이라 해도 2등 시민에 만족해야 했다.

이러한 일련의 지적에 있어 압둘 라흐만 Ⅰ세가 건국한 안달루시아왕조 역시 다마스쿠스의 우마이야왕조와 차별화되지 않았다. 비무슬림들이 관리로 등용되기는 했으나. 모사라베들은 사회적으로 중간 직위에 만족해야 했고, 주거 지역과 복장 등에서 물라디와 구분되고 사치도 금지되었다.

그러나 이러한 사회적 차별은 안달루시아의 최전성기라 할 수 있는 압둘 라흐만 Ⅲ세 시대에 들어서 거의 폐지되었다. 물라디는 물론 모사라베의 주거와 복장 제한도 거의 철폐되었고, 모사라베 중에는 고위직에 진출하는 자들도 있었다. 압둘 라흐만 Ⅲ세는 자신의 보좌관으로 유대인인 하스다이 이븐 샤프루트(Ḥasdai ibn Shaprūṭ, 915~960)를 발탁한 바 있으며 서고트 가문에서 군부 고위 인사가 발탁된 사례도 있었다.

결국 압둘 라흐만Ⅰ세에 의해 건국된 우마이야왕조는 기본적으로 조화와 공존을 국가 운영의 기본 방향으로 선택했고, 최전성기라 할 수 있는 압둘 라흐만 Ⅲ세 시대에는 무슬림과 비무슬림의 차이가 거의 사라졌다.

그러나 압둘 라흐만 Ⅲ세 이후 알만수르와 같은 안달루시아왕조의 지배자들은 비무슬림에 대한 차별정책을 시작했고, 이와 함께 안달루시아왕국의 쇠퇴가 시작되었다는 역사적 사실은 암시하는 바가 크다. 즉, 이베리아반도는 다른 문화와 교류하고 협력할 때는 번영을 구가했던 반면, 교류와 협력이 단절되고 민족적, 종교적 충돌이 있을 때는 쇠퇴했다는 역사적 교훈을 보여주었다.

경제

이슬람의 등장은 이베리아반도의 경제 구조에 변화를 불러 왔다. 이슬람 도래 이전의 이베리아반도는 피레네 산맥의 북부 지역처럼 농업에 기초한 물물교환 경제였고 농촌은 도시에 종속되어 수탈받는 구조였다.

그러나 아랍·이슬람 세력의 등장과 함께 이베리아반도의 경제 구조는 물물교환경제에서 화폐경제로 전환되었다. 안달루시아왕국은 화폐를 유통시켜 도시와 농업의 소통을 원활하게 하고, 유통의 수익이 농민에게 가도록 경제제도를 운용했다. 화폐를 매개로 한 지역 간 교역이 활발하게 이루어졌고 지중해를 통해 북아프리카와 동지중해 간의 해양 무역도 활발해졌다.

안달루시아왕국은 외국과의 교역에 금화와 같은 고액 화폐를 사용하기도 했다. 당시 화폐로는 은화가 주류를 이루고 있었으나, 금화를 발행함으로써 지중해 무역에서 화폐 경제를 한 단계 더 발전시켰다. 특히, 북아프리카의 파티마왕조가 칼리파 왕국임을 선언한 929년에 압둘 라흐만 Ⅲ세 역시 스스로 칼리파임을 선언하면서 금화를 발행한 것은 안달루시아왕국의 우월성과 위상을 강조하기 위한 정치적 행위였다.

아라비아반도에서 온 아랍 무슬림들은 아라비아반도의 농업 기술을 전수했고, 농업을 위한 관개 수리 시설도 만들었다. 레몬, 감자, 사탕수수 같은 새로운 농작물도 들여왔다. 아랍 무슬림 정복군의 한 축인 아프리카 베르베르인은 북부 카스티야 지역에 정착해 목축업을 발전시켰다. 이베리아반도의 풍부한 목초지는 유목에 익숙한 아랍인에게 더없이 좋은 환경을 제공해 이베리아반도의 목축업은 한 단계 더 발전할 수 있었다.

이러한 산업의 발전은 이베리아반도의 경제적 풍요를 가져왔다. 이베리아반도의 코르도바, 톨레도, 그라나다 같은 대도시는 유럽에서 가장 발달한 도시가 되었다. 당시 유럽 대부분 도시들의 인구는 3만이 넘지 않았으나, 코르도바 인구는 50만을 넘었고 교육기관, 병원과 이슬람 사원이 무수하게 건축되었다. 도로가 포장됐고 야간에는 가로등이 켜졌다. 이는 다른 유럽 도시에서는 상상할 수 없는 풍경이었다.

중세 지중해의 선진 문화를 주도했던 아랍인과 무슬림의 제도, 학문, 기술, 예술과 문화가 도입된 것은 이베리아반도에 경제적, 문화적 번영을 불러와 군사적 점령에 의한 현지인의 불만을 잠재울 수 있었다.

학문과 문화

이베리아반도에서 약 800년에 걸친 이슬람의 지배는 이슬람문화와 기독교문화의 접촉 및 교류를 가져왔다. 그 결과 이베리아반도의 문화와 언어에는 이슬람적 요소와 아랍어가 차용될 수밖에 없었다. 물라디뿐만 아니라 모사라베도 당시 선진 문화였던 이슬람 문화와 아랍어를 자연스럽게 수용했다. 이러한 문화적 접촉은 이슬람 세력이 이베리아반도에서 축출된 1492년까지 계속되었다.

9세기 안달루시아 모사라베였던 코르도바 출신의 시인이자 기독교 신학자 파울루스 알바루스(Paulus Alvarus, CE 800~861)는 "기독교 청년들이 로망스어에 대한 지식보다 아랍시에 더 많은 관심을 가진다."라고 개탄했다. 또한 코르도바 출신의 안달루시아 시인이었던 이븐 쿠즈만(Ibn Quzman, CE 1087~1160)의 시에서 아랍어와 로망스어가 동시에 사용된 것을 통해서도 당시 이슬람문화와 아랍어의 영향력을 짐작할 수 있다.

중세 지중해세계의 가장 선진적인 문물을 보유한 아랍인의 이슬람문화는 아랍인과 로망스인의 직접적인 접촉을 통해 안달루시아에 확산되었고, 피레네 산맥을 넘어 유럽까지 확산되었다. 중세 이슬람문명이 안달루시아왕조를 통해 암흑기의 유럽을 계몽시킨 것이다.

중세 안달루시아에서는 일반인들에 대한 초등교육이 시행되었고 대부분의 국민들은 아랍어를 읽고 쓸 수 있었다. 그러나 이슬람화되지 않은 피레네 산맥 북부 유럽 국가의 국민들은 서기와 같은 전문직 종사자를 제외하고는 대부분이 문맹이었다. 그래서 많은 기독교 유럽인들은 교육을 받기 위해 안달루시아로 이주해 왔다.

이 과정에서 유럽인들은 아랍어를 자연스럽게 익히게 되었고, 아랍어가 유럽어에 차용되었다. 유럽어로 표현하지 못했던 과학, 기술, 학문 분야의 개념들을 차용된 아랍어로 표현할 수 있게 되었다. 결국 아랍어가 유럽어를 한 단계 발전시켜 놓은 것이다.

중세 시대 아랍·이슬람 문명의 기여는 번역과 문학 작품에서도 나타났다. 세비야와 톨레도는 안달루시아 지적전통의 요람이었다. 특히 톨레도는 과학 문헌을 아랍어에서 라틴어로 번역하는 중심지였다.

<톨레도>

역사적으로 중세 아랍 번역가들의 번역 활동은 고대 문명의 보존이라는 측면에서 중요한 의미를 가지고 있었다. 서로마제국의 몰락 이후 암흑기에 빠져있던 유럽인들은 그리스와 로마의 학문, 사상, 철학, 문학의 성과를 보존, 발전시키지 못하고 있었다. 반면에 아랍

인들은 고대 지중해의 지적전통을 아랍어로 번역하여 보존하였을 뿐만 아니라, 이를 한 단계 더 발전시켰다. 피레네 산맥을 넘어 안달루시아로 유학 온 유럽의 지식인과 학생들은 아랍어를 통해서 그들 선조들의 성취를 재발견할 수 있었다.

이러한 학문적 성취와 발전은 르네상스에 일조했다. 만약 아랍인들이 지중해의 고대 문명을 보존하지 않았다면 '문예부흥'의 르네상스는 불가능했을 것이다. 즉, 고대 문명의 보존과 발전은 인류 문명의 발전에 공헌한 아랍·이슬람 문명의 기여이며, 이 점에서 유럽인들은 아랍·이슬람 문명에 큰 빚을 지고 있었다. 이러한 역사적 사실들은 근대 이후 오리엔탈리즘(Orientalism)으로 대변되는 서구 중심의 역사관에 젖어있는 서구인들에 대한 역사적인 깨우침이자 경고라 하겠다.

이베리아반도에서 번역 활동은 1492년 이후에도 계속되었다. 이베리아반도의 기독교 세력은 레콩키스타 이후 기독교 전통 문화를 복원하려는 일종의 문예부흥운동을 일으켰고, 이 과정에서 대규모 번역활동이 이루어졌다. 톨레도를 중심으로 수학, 의학, 화학, 천문학을 비롯한 다양한 분야의 아랍어 문헌이 라틴어로 번역됐고, 라틴어에 적절한 대용어가 없는 경우 아랍어 학문과 기술 용어가 라틴어에 그대로 차용되었다. 현대 스페인어와 포르투갈어에 많은 아랍어 어휘가 포함되어 있는 것은 중세에 아랍어를 차용한 결과였다.

문학 작품의 번역도 활발하게 이루어졌다. 인도와 페르시아 등지에서 유래된 구전 설화들은 아랍어 문헌을 통해 이베리아반도에 전달되고, 이후 기독교적 관점으로 번안되어 서구 주변 지역의 문학에 많은 영향을 주었다(『칼릴라와 딤나』, 『바를람과 조사팥』 등).

이러한 작품들은 아랍의 산문 문학이 유럽 문학에 영향을 끼친 구체적인 사례로서, 동서양 문화 교류의 경향을 파악한다는 점에서 동서 문화 교류사에서 중요한 증거가 된다.

이슬람 문명 초기부터 이슬람 학자들은 새로 정복한 비이슬람 지역의 지적 유산을 깊이 이해하고 연구하는데도 엄청난 열정을 보였다. 특히, 고대 그리스와 인도 및 페르시아의 사고 체계를 갖춘 철학 문헌들에 관심을 가졌다.

초기 무슬림 철학자들은 수세기 전에 그리스와 로마 등에서 이미 형성된 서구 세계의 사색적 과정과 철학적, 물리적 분류 체계의 일부를 그들의 목적에 맞게 수용한다면 자신들의 철학이 발전하거나 체계를 갖출 수 있음을 알게 되었다. 즉, 이슬람 학자들의 주요 목표는 고대 그리스의 사상을 이슬람의 가르침과 조화시킴으로써 이슬람의 신학과 사상을 발전시키는 것이었다.

아랍·무슬림의 중요 철학자들 중 안달루시아 출신의 이븐 루쉬드(Ibn Rushd, 1198년 사망)는 중세 이후 서양 철학과 학문에 지대한 영향을 끼친 인물이었다.

서구에 '아베로에스(Averroës)'란 이름으로 알려진 이븐 루쉬드는 11∽12세기 안달루시아문화의 전성기에 가장 빛나는 인물이었다. 그는 합리적 근거만으로 신의 존재를 증명할 수 있다고 주장하면서, 기독교인과 유대교인의 지적사고에 뚜렷한 흔적을 남겼다.

이탈리아의 신학자 토마스 아퀴나스(Thomas Aquinas, 1224∼1274)와 프랑스의 데카르트(Rene Descartes, 1596∼1650)는 이븐 루쉬드의 영향을 받은 대표적인 서양 철학자였다.

이처럼 아랍인들이 이베리아반도에 머문 약 800년 동안 이베리아반도를 통해 유럽에 전달된 이슬람 문명은 학문과 과학뿐만 아니라 종교적 관용, 인종 간 화합, 개인과 공공의 청결과 같은 문명사회의 기본적인 부분까지 포함하고 있었다.

유럽이 중세의 암흑시대를 겪고 있을 때 아랍·이슬람이 지배하던 이베리아반도는 역설적으로 유럽에서 학문과 문화가 가장 선진화된 지역이었다. 유럽의 지식인과 학생들이 선진 문물과 학문을 공부하기 위해서 코르도바와 톨레도로 모여 든 것은 당시 지중해 문화와 학문을 선도한 이들이 아랍·무슬림이었음을 실증적으로 보여 준다. 적어도 중세 지중해에서 '이슬람화'란 용어는 '문명화' 또는 '선진화'를 의미했다. 중세 유럽의 암흑시대에 이베리아반도가 유럽 문명의 명맥을 유지할 수 있었던 것은 아랍·무슬림의 지배를 받고 있었기 때문에 가능했다는 점도 역사적 아이러니라 하겠다.

건축

이베리아반도에서 문화 간 융합의 흔적을 가장 잘 발견할 수 있는 분야는 건축이다. 약 800년 동안 지속된 이슬람 세력의 지배는 이베리아반도의 건축에, 다른 유럽 지역의 건축과는 구분되는 무데하르(mudéjar) 양식을 남겼다.

이슬람 예술의 대표적인 특징은 기하학적 장식 무늬와 섬세한 세공술이었다. 기독교 예술과 이슬람 예술이 혼합된 독특한 건축 양식인 무데하르 양식은 이베리아 건축 예술의 두드러진 특징이었다. 이슬람의 건축술이 기독교 문화권에서 무데하르라는 독자적인 예술 양식으로 발전한 것이다. 세계에서 가장 아름다운 건축물 중의 하나로 간주되는 그라나다의 알함브라 궁전과 코르도바의 이슬람 대

사원인 메스키타는 무데하르 예술의 백미이다.

압바스 가문과의 전쟁에서 패전한 우마이야왕조의 후손 압둘 라흐만 I세는 이베리아반도로 피신한 후 자신이 사도 무함마드의 정통성을 이어 간다는 자부심을 선언하고자 메스키타 건축을 추진했다. 그는 메스키타를 통해 칼리파로서의 명성을 되찾으려 했기 때문에 다마스쿠스의 이슬람을 상징하는 건축물인 우마이야 사원보다 더 웅장하고 화려한 사원을 원했다.

<무데하르 건축물_스페인 광장>

메스키타는 다마스쿠스의 우마이야 사원처럼 이슬람 문명이 과거의 가치를 수용하고 나아가 그것을 대체하고 있다는 것을 상징했다.

압둘 라흐만 I세 때 건축이 시작된 메스키타는 후대의 왕과 칼리파들에 의해 증축되어 알만수르 시대에 2만 5천 명을 동시에 수용할 수 있는 거대한 사원으로 완성됐다. 과거 로마인과 서고트인이 세웠던 교회를 헐어 세운 것이었으나 교회 주춧돌, 기둥과 말발

굽의 건축 양식 등을 보존했고, 동서양 건축술이 절묘하게 조화된 이슬람 사원으로 재탄생했다.

약 300년에 걸쳐 완성된 이 사원은 기독교 세력이 코르도바를 점령한 후 페르난도 2세(Fernando II, 1452~1516)에 의해 성당으로 바뀌었다. 종교적 관용을 베풀지 않고 순혈주의를 채택한 페르난도 2세였지만 메스키타의 아름다움을 파괴할 수는 없어 개축 없이 성당으로 사용하기로 결정했다.

그러나 이슬람 잔재의 청산을 끊임없이 요구한 기독교도들의 요청 때문에 결국 카를로스 Ⅰ세(Carlos Ⅰ, 1500~1558)는 메스키타의 개축을 허락할 수 밖에 없었다. 개축이 끝난 후 메스키타를 둘러본 카를로스 Ⅰ세는 "당신들은 어디에도 없는 것을 부수고, 어디에나 있는 것을 지었다."라고 개탄했다고 한다. 종교적인 아집이 인류의 위대한 문화유산을 손상시킨 결과를 가져왔지만, 개축 이후 메스키타는 한 건물에 이슬람과 기독교가 공존하는 전 세계의 유일무이한 건축물이 되었다.

붉은 줄무늬의 아랍식 아치로 장식된 850개의 기둥으로 구성된 이 사원은 규모에 있어서는 메카 대사원 다음으로 크며, 전 세계 이슬람 사원 중 가장 아름다운 사원으로 손꼽힌다.

기독교도들은 이 사원을 '코르도바의 산타 마리아 성당(Catedral de Santa María de Córdoba)'으로 개명하려 했지만, 메스키타 원래의 의미를 퇴색시킨다는 세계적인 비난 때문에 원래 이름을 간직할 수 있게 되었다는 점만으로도 이 사원의 역사적, 예술적 가치를 파악할 수 있다. 이슬람 사원으로 건축되었지만 성당으로 역할이 바뀐 이 사원은 이슬람 예술과 기독교 예술이 완벽한 조화를 이루고 있는 문명교류의 결정판이라 하겠다.

<코르도바의 메스키타>

이베리아반도는 기독교 문화권임에도 이슬람문화의 흔적이 온전히 보존되어 독특한 문화정체성을 갖고 있는 지역이다. 19세기 초 이베리아반도를 침략했던 나폴레옹이 "피레네산맥을 넘으면 아프리카다."라고 언급한 것은 중세 이슬람의 지배를 받아 이슬람의 문화정체성을 포함하고 있는 이베리아반도를 유럽으로 인정하지 않으려는 의도로 이해된다.

그러나 중세 이베리아반도를 무슬림이 정복하지 않고, 이슬람문화의 혜택을 받지 못했다면 현재 이베리아반도 문화유산의 절반 이상은 존재하지 않을 것이다.

이런 점에서 만약 이슬람 군대가 뚜르 전투에서 이겼다면 유럽의 역사는 어떻게 바뀌었을까? 하는 질문은 매우 흥미롭다. 이 질문에 대해 영국의 역사학자 에드워드 기번(Edward Gibbon)은 "만약 이슬람 군대가 뚜르 전투에서 이겼다면 아마도 지금쯤 옥스퍼드대학에서는 코란 해석을 강의하고 있을 것이고, 대학 예배당의 재단은 할례받은 사람들을 대상으로 무함마드 계시의 신성함과 진리를 증명하고 있을 것이다" 라고 대답했다. 또한 미국의 역사학자 루이스(David Levering Lewis)는 "만약 유럽이 당시 이슬람에 편입되었더라면, 유럽인들이 13세기에 가서야 겨우 달성했던 경제적, 과학적, 문화적 수준을 3세기나 앞당길 수 있었을 것이다." 라고 예상했다.

결국 이베리아반도는 중세 이슬람의 선진문화와 학문을 유럽에 전달하는 매개 역할을 충실히 수행했고 이베리아반도의 이런 역할과 기여가 없었다면 유럽이 중세 암흑에서 벗어나는데 더 많은 시간이 필요했을 것이다.

융성기_해가 지지 않는 나라

15세기 지중해 세계에서 레콩키스타의 완성은 기독교 유럽 지역에 경우, 특별한 의미를 가지고 있었다. CE 476년 서로마 제국의 멸망 이후 기독교 유럽세계는 비잔틴제국이 장악하고 있었지만, 황제와 교황의 갈등과 대결, 여러 교황의 난립, 군소 왕국의 난립, 십자군전쟁의 실패 등으로 인해 천년 제국 로마가 누리던 영광과 멀어지고 있었다. 특히, 1453년 비잔틴제국이 오스만제국에 멸망된 이후 동부 지중해 지역은 이슬람 세계에 의해 완전히 장악되었으며 기독교 유럽세계는 더욱 위축되었다.

이런 상황에서 레콩키스타의 완성은 유럽 기독교세계에는 가뭄의 단비와 같은 반가운 소식이었고 그들의 자존심을 되살릴 수 있는 일대 전환점이 되었다.

레콩키스타의 주역인 통일 스페인의 이사벨 Ⅰ세(Isabel I, 1451~1504) 여왕이 교황 알렉산드르 Ⅵ세(Pope Alexander VI, 1431~1503)로 부터 '가톨릭의 수호자', '가톨릭의 여왕'이라는 칭호를 하사받은 것은 유럽 기독교세계에서 레콩키스타 완성의 의미가 그만큼 지대하다는 것을 의미했다. 카스티야왕국(Reino de Castilla)과 아라곤왕국(Reino de Aragón)의 통합으로 탄생한 통일 스페인왕국은 비잔틴 제국마저 사라진 16세기 지중해에서 기독교 유럽 세계의 횃불이자 희망이 되었다.

약 800년에 걸쳐 이슬람의 지배를 받는 동안에 이베리아반도의 학문과 문화 및 경제와 사회 인프라는 지중해 최고 수준으로 발전해 있었다. 정치적으로는 식민 상태였지만, 문화와 학문, 경제에서 이베리아반도는 착실히 성장하고 있었다. 또한 이슬람 세력을 이베리아반도에서 완전히 축출하고 기독교세계의 자존심을 살린 통일 스페인은 종교적, 문화적, 정치적으로도 유럽 최강국으로 자연스럽게 발전할 수 있었다. 더구나 콜롬버스가 가져온 신대륙의 노예와 부는 통일 스페인을 더욱 부유하게 했고 통일 스페인을 명실공이 '해가 지지 않는 나라'로 군림하게 했다.

그러나 이러한 통일 스페인의 번영은 채 100년을 넘기지 못했다. 세계의 중심을 지중해에서 대서양으로 전환한 선구자로서 단기간에 엄청난 부와 국력을 쌓았지만, 통일 스페인은 내부에서 붕괴되고 있었다.

엄청난 부가 유입되었지만, 이를 지속적으로 유지할 수 있는 산업 기반이 없었고 이슬람 세력을 축출한 후에 과장된 자아도취와 돈키호테적인 망상에 빠진 지배계층의 무능으로 통일 스페인은 침

몰하고 있었다. 대서양에 뒤늦게 뛰어든 영국과 네덜란드 등의 후발 주자들이 통일 스페인을 능가하는 경제적 부와 발전을 이루는 것을 쳐다보고만 있었다.

이러한 통일 스페인의 내부 붕괴를 가져온 요인들 중에 가장 중요한 요인은 이사벨 여왕이 선택한 종교적 순혈주의 정책이 아닌가 한다. 아라곤왕국의 페르난도 Ⅱ세 왕자와의 정략 결혼을 통해 통일 스페인을 이룩했고 레콩키스타를 완성했으며 통일 스페인의 국모로 추앙받은 이사벨 Ⅰ세 여왕이지만, 레콩키스타 이후 기독교 순혈주의를 채택함으로써 통일 스페인을 쇠퇴시키는 결정적 패착을 범했다.

이사벨 Ⅰ세 여왕은 이슬람세력을 축출한 후에 유대교와 이슬람세력을 인정하지 않았다. 종교재판소를 설치하여 기독교로의 개종(morisco)[1]이 아니면 사형 또는 이베리아반도 밖으로의 이주를 명령했다. 이사벨 여왕은 "신성한 가톨릭 교리를 어지럽히는 유대인들은 가톨릭으로 개종하거나, 4개월 내에 스페인왕국을 떠나라"라는 내용의 알함브라 칙령(Alhambra Decree, 1492. 03.31)을 내려 유대인들을 축출하고 그들의 재산 반출을 금지했다. 결국 이슬람 통치 시대에 안달루시아왕국의 상공업과 농업을 담당하며 도시 인구의 약 1/3을 차지했던 무슬림과 유대교도들을 이교도라는 이유로 모두 추방했다.

통일 스페인왕국의 상업과 금융을 장악하고 있던 유대인들이 축출되자 통일 스페인왕국의 경제는 급속히 붕괴했고, 칙령이 발표된

---

1) morisco는 레콩키스타 이후 기독교로 전향한 무슬림을 의미했으나, 이후에 통일 스페인에 잔존한 무슬림을 의미하는 용어로 전환되었다.

지 65년 뒤인 1557년 통일 스페인왕국은 결국 파산하고 말았다. 통일 스페인의 종교적 순혈주의 정책은 교황과 유럽의 수구적인 기독교도들을 열광케 했지만, 결국 통일 스페인의 파산을 불러온 주된 원인이었다.

이런 점에서 이사벨 I세 여왕의 기독교 순혈주의와 압둘 라흐만 I세의 콘비벤시아 정책은 극명하게 대조된다.

공존과 관용을 상징하는 콘비벤시아는 인종과 종교를 초월하여 왕국내 모든 구성원의 에너지를 모으고 극대화시켜 안달루시아를 빠른 시간 안에 지중해 최고의 문화중심지로 탈바꿈시켰지만, 기독교 순혈주의는 전쟁의 승리와 신대륙의 엄청난 부의 유입이란 호재에도 불구하고 통일 스페인을 스스로 무너트리는 패착이었다.

공존과 나눔은 번영을 가져오지만, 독선과 폐쇄는 몰락을 가져온다는 역사적 교훈을 이베리아반도의 역사를 통해 다시 한 번 확인할 수 있었다.

1492년 레콩키스타가 완수되자마자 해가 지지 않는 나라로 부상한 통일 스페인의 동력은 다양한 외부 문화를 수용, 융합, 발전시키는 문화적 포용력에서 비롯되었다. 그들의 포용력은 다원성을 낳았고 이 다원성은 업그레이드 된 새로운 문화 창조의 원동력이 되었다. 이러한 성과의 내면에는 타자의 문화를 수용하여 기층문화와의 융합을 통해 발전시키려는 부단한 노력과 절충이 존재했다. 결국, 이베리아반도에서 기독교문화와 이슬람문화의 조우는 문명사적 관점에서 볼 때 배척과 대결이 아닌 공존과 조화가 상생의 번영을 가져 온다는 것을 말하고 있다.

이베리아반도_문명과 종교의 가교

20세기 이후 유럽인은 유럽 중심적 세계관과 오리엔탈리즘에 빠져서 인류의 지난 역사를 제대로 평가, 이해하지 못했다. 신대륙의 발견, 산업혁명을 통해서 유럽세계는 급격한 경제 성장을 이루었고, 이를 바탕으로 한 제국주의 정책으로 전 세계에 식민지를 건설한 유럽인들은 자민족 중심의 우월감에 빠져 들었다. 비기독교 문명과 비유럽인에 대한 우월적 인식을 갖게 됨에 따라 역사 해석에 있어서도 앵글로색슨주의 또는 유럽중심주의와 같은 우월주의에 빠져든 것이다.

이러한 인식과 세계관은 동서의 화합이나 인류 공영에 장애가 된다. 인류 공동체 전체의 선순환적 발전은 문화와 인종에 대한 우월주의와 편견을 버리는 데서 시작하기 때문이다. 이러한 측면에서 이베리아 반도의 역사는 유럽인이 역사와 문명 발전에 대한 인식의 오류에서 벗어날 수 있는 실증적 증거를 제공하고 있다.

이베리아반도는 유럽과 아프리카, 지중해와 대서양, 기독교와 이슬람교를 연결하는 가교 역할을 해 왔다. 중세 안달루시아왕국은 이질적 성격의 이슬람문화와 기독교문화가 조우해 한 단계 더 발전된 고급문화로 거듭나는 모습을 보여 준 역사적 증거이다.

중세 지중해 문화를 이끌던 이슬람 문명은 바그다드와 코르도바를 양축으로 한 경쟁 관계를 형성했다. 외래문화와 학문의 수용에 적극적이었던 바그다드의 압바스왕조는 수입된 외래문화와 학문을 생산적으로 재가공하여 업그레이드된 중세 이슬람문화와 발달된 학문체계를 만들어 내는 생산자 역할을 담당했고, 이베리아반도의 안달루시아왕조는 바그다드 압바스왕조의 문화적, 학문적 성취를 수용하여 유럽에 전달하는 출구 역할을 담당했다. 즉, 지중해를 중심으로 동서의 양 이슬람 세력이 중세 지중해 문화와 학문의 제작과 전달을 맡은 선순환 구조를 구축한 것이다.

중세 이슬람문화의 출구였던 안달루시아의 수도 코르도바의 대모스크인 메스키타, 알함브라 궁전, 무데하르 양식의 수많은 건축물, 아랍 시에 기반을 둔 자잘(zajal), 관개 시설을 갖춘 세비야와 발렌시아의 정원, 안달루시아에서 발달한 철학과 과학 등은 기독교문화와 이슬람문화가 조우해 만든 인류 공동의 유산이다. 즉, 이베리아반도의 문화유산은 비잔틴문화와 중세 아랍·이슬람문화를 기독교적 풍토에서 가장 아름답게 형상화한 인류 문화의 보고이다.

중세 이후에 이베리아반도는 정치, 종교적으로는 다시 유럽인과 기독교의 품으로 돌아갔지만, 중세에 확산된 이슬람의 학문적, 문화적 요소들은 이베리아반도의 역사와 문화 지층의 가장 중요한 부분들을 차지하고 있다.

전(前) 스페인 문화부 장관 루이스 알베르토 데 쿠엔카와는 "스페인문화는 고대 그리스 로마 문화부터 게르만과 이슬람, 심지어 아메리카 인디언 문화까지 수용해 조화롭게 발전시켰다는 데 특징이 있다. 이슬람문화가 비록 아랍권에서 전해지긴 했지만 현재 스페인문화의 정체성을 형성하는 가장 중요한 요소라고 할 수 있다." 라고 말했다. 이는 문명과 종교의 가교로서 이베리아반도의 역할을 강조하고, 스페인의 문화정체성에서 이슬람문화가 차지하는 비중을 강조한 것이다.

루이스의 주장처럼 이베리아반도의 이슬람문화는 아랍을 기원으로 하지만, 동시에 이베리아반도의 문화정체성을 형성하는 가장 중요한 요소 중 하나이다. 혼종 문화의 특징을 갖고 있는 이베리아반도문화는 동서 문명교류와 화합의 매개로써 중요한 문명사적 의미를 갖고 있고 기능을 하고 있다. 즉, 이베리아반도는 지중해 문명 발달사에 있어 하나의 거점이며 역동적인 문명교류를 토대로 새로운 상위 문화를 생성한다는 역사적 과정과 사실을 증명하고 있는 대표적인 지역이라 하겠다.

참고문헌

김정위. 1986. 『중동사』. 대한교과서주식회사

김호동(역). 2003. 『이슬람 1400년』까치. Bernard Lewis. 1976. The World of Islam. Thames and Hudson.

신연성(역). 2009. 『이슬람의 세계사』. 이산. Ira M. Rapidus. 2002. A History of Islamic Societies. Cambridge University Press.

윤용수. 2005. "중세 유럽에 대한 이슬람 문명의 영향 연구". 『지중해지역연구』 제7권 2호. 부산외국어대학교 지중해지역원.

윤용수. 최춘식. 2015. 『지중해 언어의 만남』. 산지니.

윤용수. 2016. "아랍어의 확산과 교류 유형 연구-중세 로망스어와의 교류를 중심으로-". 한국중동학회논총 제37권 1호. 한국중동학회.

이유경(역). 2008. 『이슬람. 고대 문명의 역사와 보물』. 서울. 생각의 나무. Francesca Romana Romani. 2007. Islam, History and Treasures of an Ancient Civilization. Italy.

이종인(역). 2010. 『신의 용광로』. 책과 함께. David Levering Lewis. 2008. God 's Crucible. Islam and the making of Europe, 570~1215. Brandt & Hochman Literary Agents. INC.

정규영(역). 2002. 『이슬람의 과학과 문명』. 르네상스. Howard R. Turner. 1997. Science in Medieval Islam. University of Texas Press.

홍사중(역). 2007. 『역사의 연구』. Arnold J. Toynbee. A Study of History. 동서문화사.

Dunlop D.M. 1985. Arab Civilization to AD 1500. Lebanon. Librairie du Liban Publishers.

Lewis Bernard. 1993. The Arabs in History. Oxford University Press.

Menocal Maria Rosa. 2004. The Arabic Role in Medieval Literary History. Philadelphia. University of Pennsylvania Press.

Nicole David. 2009. The Great Islamic Conquests AD632-750. OSPREY

Phillips Wendell. 1986. The Arabs and Medieval Europe. Lebanon. Librairie du Liban Publishers.

Rom Landau. 1958. Arab Contribution to Civilization. San Francisco: The American Academy of Asian Studies.

Sindi Abdullah Mohammad. 1999. Arab Civilization and its Impact on the West. The Arabs and the West: The Contributions and the Inflictions. Daring Press.

https://4.bp.blogspot.com/-r0OS3I646xI/VUT9lDfOhUI/AAAAAAAAC6I/2TXRty799FY/s1600/Evoluci%C3%B3n%2Bde%2Blos%2Breinos%2Bpeninsulares.jpg(검색일자 : 2020.07.09).

https://i.ytimg.com/vi/mrXi61Opigs/maxresdefault.jpg(검색일자 : 2020.08.25).

http://www.donga.com/news/article/all/20010520/7692098/1(검색일자 : 2020.08.23).

2부

안달루시아 문화지역 '틀렘센(Tlemcen)'과 베르베르 이슬람왕조

('Tlemcen' as Andalusian Cultural Region and Berber Islam Dynasty)

안달루시아 문화지역 '틀렘센(Tlemcen)'과 베르베르 이슬람왕조
('Tlemcen' as Andalusian Cultural Region and Berber Islam Dynasty)

임기대

1. '틀렘센'은 중세 문명의 '교차로'

안달루시아(Andalucia)는 주로 이베리아반도 남부지역을 일컫는 용어로 사용된다. 하지만 북아프리카, 즉 마그레브(Maghreb) 지역에도 안달루시아문화가 잔존해 있다. 이미 잘 알려져 있듯이 스페인의 안달루시아는 마그레브 베르베르인들이 진출하여 일군 이슬람 문화권이다. 하지만 레콩키스타(Reconquista)[2] 이후 베르베르인과 무어인은 이베리아반도를 떠났고, 떠난 이들을 받아들인 곳이 마그레브 지역이었다. 이처럼 마그레브와 안달루시아 지역은 중세 역사 속에서 상호교환적인 기억을 공유하고 있으며, 마그레브 지역의 안

2) 흔히 이베리아에서 무슬림을 몰아내기 위한 가톨릭 세력의 국토회복운동을 일컫는다. 아랍세계를 지배한 첫 번째 이슬람 세습왕조인 우마이야왕조(661-750)의 이베리아 정복에 의해 빼앗긴 가톨릭 왕국들의 영토는 1492년 그라나다 정복으로 수복되었다.

달루시아문화를 지속시켜가는 데 크게 기여했다.

많은 사람들은 마그레브 안달루시아문화권이 모로코에 국한되어 있다고 생각한다. 안달루시아문화가 이웃한 알제리로 확장해갔다는 언급은 거의 없다. 알제리의 안달루시아문화에 대한 논의가 설사 있더라도 그와 관련한 연구는 거의 전무하다. 그러므로 알제리 안달루시아문화권인 '틀렘센' 지역을 보는 일은 중세 이베리아반도문화의 확장과 관련하여 매우 유의미해 보인다. 이에 착안하여 초기 건립된 마그레브의 이슬람왕조와 안달루시아 이슬람왕조의 특징을 엿볼 수 있을 것이다. 틀렘센에 기반을 둔 왕조는 역사 속에서 그리 언급되지 않지만, 마그레브 지역에서 이슬람을 수용하고 지속시키는 데 있어 중요한 지점이 된 곳이다. 틀렘센 지역민은 이슬람을 받아들일 때 오늘날 흔히 일컫는 수니파나 시아파를 수용하지 않았다. 이들은 자신들의 정서와 관습을 공유하는 카와리지파를 신봉하였다. 카와리지파[3]는 오늘날 이슬람 국가에서는 언급되지 않는 종파이지만 초기 마그레브 지역에서는 폭넓게 수용됐던 이슬람의 종파이다.

틀렘센은 지중해 도시와 교역을 하면서 사하라 무역로의 거점 역할을 하였다. 스페인 안달루시아문화권으로 남으면서 무역중개를 해왔으며, 남프랑스 해양 도시와의 교역을 통해 도시 규모를 확장하며 여러 문물을 수용했다. 힘의 역학관계가 교역의 향배를 달리하기도 했지만, 도시 기능을 지속적으로 확장하는 순기능을 보였을 것이다. 유럽으로 통하거나 또는 사하라 이남을 넘어 수단으로 향하는 대상들의 주 관문 역할을 한 이 안달루시아문화 도시는 여러

3) 카와리지파와 관련해서는 목차 2-1)에서 다루고 있다.

세력이 호시탐탐 노릴 정도의 도시로 성장했으며, 안달루시아문화를 사하라 지역까지 확산시키는 교두보 역할을 했다.

이제 우리는 안달루시아문화권[4])으로 알제리의 '틀렘센'을 이야기할 것이다. 이 지역에서 최초의 이슬람왕조가 어떻게 태동하여 존속했는지를 보고, 이후 마그레브와 이베리아반도로 확장해가는 과정에서 이 초기 왕조가 어떤 역할을 했는지를 볼 것이다. 그렇다고 틀렘센이 과거 중세 시대에만 영화로웠던 지역으로 남아 있는 것은 아니다. 지금은 퇴진했지만 알제리의 부테플리카[5]) 정부(1999-2019) 당시에는 알제리 현대사의 '중심'으로 당당히 복귀했기 때문이다. 그러므로 기존 권력과 신흥세력간의 다툼에서 중요한 한 축을 차지한 이 지역을 이해하는 일은 안달루시아문화권에 대한 '역사성'과 '이슬람의 정체성', '문명교류' 그리고 오늘날 알제리에서 발생하는 다양한 사회, 문화적 상황을 총체적으로 이해할 수 있게 한다.

그렇다면 틀렘센(Tlemcen)은 어떤 곳인가? '틀렘센'은 알제리 수도 알제에서 서쪽으로 약 520km 지점에 있다. 모로코와의 국경까지는 60km, 지중해로부터는 40km지점에 있다. 이 도시는 베르베르, 아랍, 안달루시아, 오스만 터키, 프랑스 문화가 모두 혼재해 있는 몇 안 되는 마그레브 지역으로 2011년 <이슬람문화 수도>[6])로

4) 안달루시아와 안달루시아문화권의 의미는 다르다. 안달루시아는 오늘날 스페인의 행정구역상의 이름을 일컫고, 안달루시아문화권은 이베리아의 안달루시아문화를 수용하고 개화한 지역 전체를 의미한다.

5) 압델라지드 부테플리카(Abdelaziz Bouteflika, 1937~) 대통령은 1999년 대통령에 당선된 이후 4선에 성공했다. 20년 장기 집권을 했고 5선에 도전하려 했지만 국민들의 저항으로 결국 임기 한 달을 남기고 2019년 3월 12일 퇴진했다.

6) 이슬람국가에서는 2006년 이래로 매해 이슬람 문화를 상징하는 3개의 지역을 대상으로 이슬람문화 수도를 선정한다. 3개 지역은 아랍지역, 아프리카지역, 아시아지역이다. 틀렘센은 2011년 아랍지역의 이슬람문화 수도로 선정되었다. https://fr.wikipedia.org/wiki/Capitale_de_la_culture_islamique (검색일자 : 2020.09.02)

선정된 유서 깊은 도시이다. 이곳을 방문할 때마다 알제리에 이런 안달루시아 풍의 도시가 있다는 사실에 매번 놀라곤 했던 기억이 있다.

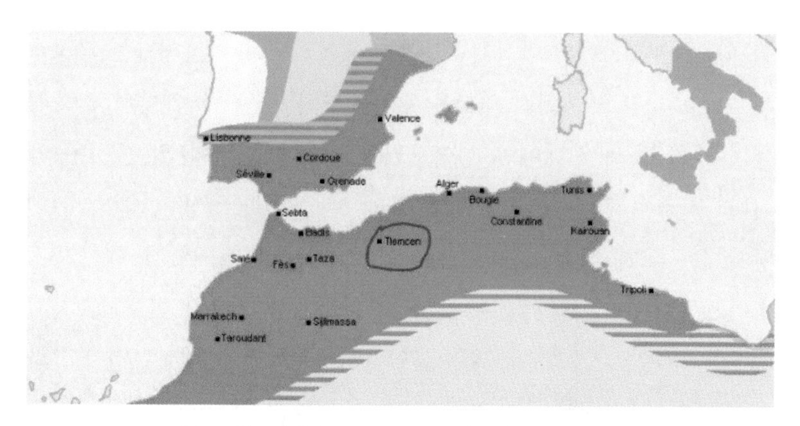

그림 1. 알모하데왕조(1121-1269) 당시의 틀렘센과 주변

틀렘센은 마그레브의 여러 지역 중에서도 다층적 문명 구조를 갖춘 몇 안 되는 지역이다. 역사적으로 이 지역은 신석기시대 이전부터 인류가 살았던 북아프리카의 여러 지역 중 하나였다. ‘틀렘센’이라는 이름의 어원은 ‘우물의 한 형태’를 의미하는 탈메스트(Talmest)의 여성 복수형에서 유래했다는 설이 있다. 또 다른 의견은 베르베르어 여성형인 탈라임산(Thala Imsan)으로 ‘건조한 봄’ 혹은 ‘사자의 샘’을 의미하는 말로 사용되면서 ‘틀렘센’이라는 지명이 생겨났다고 한다. 실제 틀렘센을 보면 해양도시가 아님에도 불구하고 물이 풍부하여 지역과 지역을 연결하는 수원 지대 역할을 하고 있다.

틀렘센은 로마의 지배를 받으면서 기독교인과 유대인이 많이 거주한 곳이기도 했다. 프랑스의 식민지배 당시에는 유대인이 집단으로 이주하여 콜롱(colon, 식민지 개척자)의 지위를 갖고 활동했다. 지역 토착민인 베르베르인은 마우레타니아(Mauretania)를 건설했지만, 마그레브의 여타 지역처럼 로마의 속국을 면할 수는 없었다. 사람들은 아랍 이전 베르베르인이 국가를 형성한 적은 없다고 하지만, 마우레타니아의 경우를 본다면 이는 사실이 아님을 알 수 있다. 프랑스 또한 식민지배 이전 알제리라는 영토에는 국가 단위가 존재하지 않았다는 가설을 흘리지만, 이 또한 자신들이 이 지역에서 '식민지 근대화론'의 당위성을 확보하기 위함이었다.[7]

<틀렘센의 전경>

<식민 농장>

사진 1. 틀렘센의 전경과 식민지 농장

마우레타니아는 기원전 3세기~기원후 40년 사이 베르베르인이 세워 번성한 왕국으로 이후 로마의 속국이 되었다. 우리가 흔히 부르는 무어인(Moor)은 이들을 일컫는다. 무어인은 이슬람으로 개종하여 이후 이베리아반도를 이슬람화하는 데 크게 기여했다. 마우레

7) 실제로 프랑스는 2005년 마그레브에서 <프랑스의 긍정적 역할이라는 법안>을 통과시켜 알제리를 비롯한 마그레브인들의 분노를 자아냈다. 이 법안으로 인해 부테플리카 정권에서 밀월 관계를 유지한 프랑스와 알제리의 우호조약 체결이 중단되었고, 2012년 프랑수아 올랑드 프랑스 대통령의 알제리 방문(당시 국빈 방문지는 틀렘센이었다) 전까지 국민들의 감정을 수그러 트리지 못했다.

타니아 왕국이 베르베르인과 로마인으로 구성된 것과 마찬가지로 이슬람이 도래한 후에는 마그레브 지역이 빠르게 아랍·이슬람화가 되었다. 이 문명권은 아랍인, 베르베르, 로마 등의 지중해 연안 도시가 서로 융화됨으로써 생겨났다. 기층문화에 외래문화가 흡수되어 축적, 동화되는 다층적 문명 구조를 갖추는 지중해 문명의 특징을 볼 수 있게 된 것인데(윤용수 2017:31), 틀렘센은 이 모든 요소를 모두 갖춘 지역이 된다.

이슬람화가 진행되면서 틀렘센 지역은 이슬람왕조를 건설해갔다. 토착민인 베르베르인은 아랍의 침략에 여러 형태로 맞섰다. 첫째는 일정 기간 기독교와 유대교로 남아 있던 부류이다. 아랍이 들어왔지만 베르베르인은 주로 도심이나 산악지대에 살며 정착생활을 이어갔다. 이들은 아랍·이슬람에 거부감을 가지며, 이전의 종교를 유지하고 있었다. 오늘날 수도 알제에서 약 70km 지점의 카빌리아(Kabylie)라고 하는 지역이 이에 해당한다. 둘째, 아랍 군대에 복무하면서 마그레브는 물론 이베리아반도의 이슬람화에 앞장선 부류가 있다. 그 유명한 지브롤터(Gibraltar)[8]가 대표적인 사례인데, 지브롤터는 오늘날 스페인의 세우타(Ceuta)[9] 지역 백작의 자녀를 틀렘센 지역에 인질로 두고 이베리아 정복에 나섰다. 이렇듯 틀렘센을 배후 기지로 삼으면서 이베리아반도를 정복하려는 베르베르 병사가 주를 이루었다. 세 번째는 이슬람의 카와리지파를 받아들인 베르베르인이다. 이들은 아랍인의 일방적 지배에 반대를 한 부류이다. 현

8) 지브롤터는 베르베르인 타리크 이븐 지야드(Tariq ibn Ziyad)의 이름에서 유래했다. 그는 베르베르인이었지만 누구보다도 이베리아 정복에 앞장섰던 인물이다.

9) 지브롤터 해협 입구의 아프리카 대륙에 있는 스페인의 영토이다. 이 지역에는 과거 카르타고를 비롯한 지중해 문명권 지역은 물론 인도, 중국의 흔적이 존재한다.

재는 거의 소멸되었지만 온건 이바디즘의 이름으로 여전히 존속해 있다. 아랍과는 전반적으로 좋은 관계를 유지하지 않고 폐쇄적인 공동체 생활을 하고 있다.[10]

틀렘센에는 유대인들도 많았다. '레콩키스타' 이후로도 여러 유대인 가문이 존재하고 있지만, 현재는 가문의 존재를 드러내질 못하고 있다[11]. 유대인은 안달루시아의 여러 무어인처럼 기독교를 피해 틀렘센에 정착하였다.

당시 약 50,000명의 코르도바와 론다(Ronda) 등에서 온 베르베르인과 무어인은 틀렘센 지역으로 내려오면서 안달루시아의 집 열쇠를 그대로 갖고 왔다. 언젠가는 다시 돌아갈 것이라는 확신을 가지며 자신들이 누렸던 여러 문화·예술을 틀렘센에 뿌리내렸다. 심지어 오늘날에도 그대로 남아 있는 틀렘센의 여러 궁전과 모스크, 메데르사 등은 그라나다와 코르도바 등의 안달루시아 건축물을 완벽히 재현해 놓고 있다. 틀렘센의 엘메슈아라(El Méchouar) 궁이 대표적인 사례로, 주변에 메르데사와 모스크가 같이 어우러져 있는 풍경은 여타 안달루시아 풍경과 거의 흡사하다. 자신들의 고향을 떠나왔지만, 고향의 모습을 틀렘센에 재현해놓으며 이베리아반도에 대한 향수를 달랬을 것이다. 그들이 만들어 놓은 궁전과 모스크 등의 주변 지역을 보며 얼마나 한 많은 생각을 했을까? 관광객이 한 명도 없는 이 지역을 보며 늘 회한에 잠기기도 했던 기억이 새삼스럽다.

10) 대표적인 사례는 알제리 음자브(M'zab)지역의 모자비트족이다. 이들은 자신들만의 공동체를 구성하여 집단으로 살고 있으며, 이로 인해 아랍인과의 충돌이 종종 발생하기도 한다. 음자브 지역에 대해서는 임기대(2019c) 참조.

11) 틀렘센 유대인의 역사에 대한 참고 사이트:
https://fr.wikipedia.org/wiki/Histoire_des_Juifs_%C3%A0_Tlemcen (검색일자:2020.08.27)
https://www.judaicalgeria.com/pages/communautes-juives-d-algerie/communaute-de-tlemcen.html (검색일자:2020.07.09)

<엘메수아라 궁>

<만수라의 미나렛>

사진 2. 틀렘센의 이슬람문화 유적

이렇게 이베리아의 안달루시아문화를 이어 개화했지만, 이슬람 지배 초기의 지역민은 아랍인의 지배에 반기를 들었다. 이슬람을 받아들였지만, 아랍의 강압적인 지배에는 단호하게 반기를 들고 독자 왕조를 건립한 것이다. 틀렘센은 9세기 파티마왕조(909~1171)가 마그레브 지역을 휩쓸었을 때조차도 그 영향권에 있지 않을 정도로 저항과 정체성이 강한 지역이었다.

초기 아랍의 지배에 반기를 든 베르베르인은 각기 다른 지역에서 독자적인 이슬람왕조를 건립하였다. 그것은 오늘날 흔히 말하는 수니와 시아파 왕조가 아닌 베르베르인이 주체적으로 수용한 이슬람왕조가 초기 마그레브 지역을 지배했음을 말해준다. 동시에 아랍이 다양한 베르베르인을 통합할 수 있는 충분한 힘이 없었음을 의미하기도 한다.

2. 마그레브의 중세 이슬람왕조와 안달루시아

이제 우리는 마그레브 지역에 이슬람이 처음 들어왔을 당시 베르베르인이 세운 이슬람왕조와 이후 이들이 어떻게 이베리아반도로 이슬람을 확산시켜갔는지를 보고자 한다. 이를 통해 마그레브는 물론 안달루시아 이슬람화에 있어 틀렘센이 기여한 바를 이해하고자 한다. 또한 중세 시대 이베리아반도의 안달루시아문화가 틀렘센에 미친 영향과 이후 지중해 도시들과 교류하면서 지중해 도시로 성장해가는 틀렘센의 모습을 보고자 한다. 이런 역사적 사실을 통해 안달루시아와 지중해 도시로서 틀렘센의 성장 과정, 오늘날 알제리 정치권력 중심부로서의 틀렘센에 대한 위상을 조명해볼 수 있을 것이다.

1) 초기 이슬람 시대 베르베르인의 기여

오늘날 마그레브 국가의 이슬람은 일반적으로 수니파로 분류된다. 시아파와 더불어 이슬람의 양대 축을 이루고 있는 수니파이지만 여러 이질적 요소들이 지역 내에 산재해있다. 특히 틀렘센을 비롯하여 알제리 사하라 북단의 음자브(M'zab)지역이나 튀니지의 제르바(Djerba)섬, 리비아 북서부 지역의 제벨 나푸사(Djebel Nafûsa)에는 여전히 카와리지(Kharijites)[12]의 분파인 이바디즘(Ibadisme)이 깊게 자리하고 있다.[13] 마그레브에서 이들이 어떻게 들어왔는지를 알 수는 없다(Virginie Prevost 2010). 단지 마그레브 최초의 이슬람왕조가 세워진 틀렘센 지역을 통해서 카와리지파의 이슬람왕조가 세워진 과정, 이후 이 왕조를 통해 이슬람 세력의 이합집산 과정을 유추해볼 수 있을 뿐이다.

어떤 역사가나 마그레브 국가의 정부도 마그레브 지역의 이슬람 역사를 언급할 때 카와리지파에 대해 상세하게 설명하지 않는다(Chikh Bekri 2005:35). 그만큼 카와리지파는 국가의 정체성을 흔들 수 있는 요소로 여겨진다. 카와리지파가 마그레브 지역에 수용되고 정착하게 된 데에는 우마이야(Umayyad, 661~750)왕조의 전제적 통치방식과 아랍 우월주의에 따른 것임은 이미 여러 학자들이 언급하였다. 예를 들어, 손주영(1997:172)은 이런 현상이 무아이야왕조의 몰락 원인이 되었으며, 이것은 알 까빌리'(al ta'asub al-qabali, 부족 배타주의)에 기인한 것이라고 하였다. 이렇듯 마그레브에서 베르베르인은 우마이야왕조의 지배에 맞서 싸우며 카와리지파를 접하게 되었는데, 그렇다면 베르베르인은 언제 카와리지

12) 아랍어 '이탈자들'이라는 의미로, 이슬람 초기의 한 분파이다. 극단적인 평등주의를 주장하여 하층민들과 흑인노예들의 지지를 받았다. 하지만 오늘날 마그레브에서 이 용어는 사용하지 않고 있다.

13) 이바디즘 신봉자인 모자비트 부족장과의 인터뷰에서 확인한 바에 따르면, 음자브 지역의 모자비트족은 자신들이 카와리지파로 분류되는 것에 대해 거부감을 표하며, 자신들을 수니파의 계열로 분류하였다.

파를 알게 되었을까? 아랍이 처음 마그레브를 정복할 때 카와리지파 추종자들과 같이 왔다고 유추해볼 수도 있지만[14], 그 어떤 것도 명확하지는 않다. 분명한 것은 당시 베르베르인이 열광하는 신흥 종교를 적극적으로 수용했다는 것이다. 하지만 아랍인의 우월적 행동과 과도한 세금 징수가 무슬림이라면 누구나 평등하다고 생각한 베르베르인에게는 배신감으로 작용하여 결국 역공을 당하게 된다.[15] 그 결과 베르베르인은 마그레브에서 우마이야왕조의 대리인들에 맞서 싸웠으며, 초기 마그레브에는 이런 토착 세력들이 많았다.[16]

우마이야왕조에 대항하고 싸워 탄생한 마그레브 최초의 왕조는 수프리즘왕조(Soufrism, 742~790)이다. 마그레브의 최초 이슬람왕조를 말할 때, 오늘날의 알제리에 건립된 로스템왕조(Rustamides 혹은 Banu Rustam, 767~909)를 꼽지만 바누 이프렌(Banu Ifren)이 이끈 수프리즘왕조가 이보다 앞서 창건되었다. 이런 사실이 공인되지 않은 것은 수프리즘왕조의 단명과 그 종파주의적 지향성이 오늘날의 이슬람 종파에서 인정받기가 쉽지 않았기 때문이다. 오늘날의 틀렘센에 수도를 둔 수프

---

14) 쉬크 베크리Chikh Bekri(2005:39)는 우마이야왕조의 병사들과 카와리지파 신봉자들이 마그레브 지역에 같은 낙타를 타고 대열을 지어 왔다고 언급하고 있지만, 이 또한 구전으로 전해진 내용일 뿐이다.

15) 하병주(2019)는 카와리지파의 핵심 사상으로 꾸란의 절대성, 통치권자의 자격으로 누구나 칼리파가 될 수 있다는 자격 등을 언급하고 있다. 이들의 사상은 적어도 이슬람 극단 세력을 통해 이데올로기를 발전시킬 수는 있지만, 극단 성향으로 인해 조기 소멸하는 역설적인 상황을 만들기도 한다.

16) 이외에도 정착과 유목 생활을 하는 베르베르인이 있었다. 정착 생활을 하는 베르베르인은 아랍인의 정복 이후 일부가 기독교도로 남아 있기도 했다. 오늘날의 카빌리(Kabylia) 지역이 대표적이다. 유목 생활을 하는 베르베르인은 아랍 군부대에 복무하면서 알제리와 모로코, 스페인을 이슬람화하는 데 기여했다(아이라 M.라피두스 2009: 506). 대표적인 부족으로 알제리 북동부 오레스 지역의 샤우이족을 꼽을 수 있다.

리즘왕조는 바누 이프렌(Banu Ifren) 부족장 출신인 아부 꾸라(Abou Qurra)가 742년 틀렘센에 창건한 왕조이다. 바누 이프렌은 마그레브 중부 지역에서 아랍・이슬람왕조인 우마이야와 압바스(Abbasid, 750～1258)[17]에 정면으로 맞선 부족이다. 우마이야왕조가 멸망한 후 767년에 들어서자 로스템왕조, 제벨 네푸사[18]의 카와리지파와 연합한 아부 꾸라는 오늘날의 알제리 동부 바트나(Batna) 지역에서 신생 왕조인 압바스왕조의 총독을 포위하였다. 더 나아가 이베리아반도의 말라가(Malaga)와 튀니지의 카이루안(Kairouan)까지 정복해갔다. 카와리지로 개종한 베르베르인이 이베리아반도의 말라가를 이슬람 초기에 정복했던 것이다. 베르베르 부족장인 카이나(Al Kahina)[19]도 합류하여 튀니지의 카이루안을 정복하는 데 큰 힘을 보태주었다.[20] 이븐 할둔(bn Khaldun, 1332～1406)은 바누 이프렌이 동부의 바트나까지 간 데에는 자신들의 조상이 이 지역 출신이었기 때문이라고 한다. 결국 중서부의 바누 이프렌과 중동부의 샤우이족은 같은 부족일 가능성이 높다.

17) 압바스왕조는 우마이야왕조를 무너뜨린 후 1258년 몽골족의 침입으로 몰락할 때까지 아랍 제국을 다스렸다. 흔히 오늘날 아랍권이라고 말할 때의 지형도를 처음으로 형성한 왕조이기도 하다.

18) 리비아 서북부 지역의 산악지대이다. 베르베르인으로 현재는 이바디즘으로 개종한 부족이 살고 있다.

19) 마그레브 지역 베르베르운동의 최초의 여전사로 기록되는 전설적인 인물이다. 오늘날 리비아와 인접한 알제리 동부지역의 베르베르인 샤우이족 출신이다. 알제리 동부지역인 바트나(Batna)를 중심으로 켄셸라(Kenchela) 등의 샤우이족 거주 도시들이 있다. 그녀의 사망 이후 이슬람으로 개종한 샤우이족은 급격히 아랍화 하면서 세를 확장해갔다.

20) http://www.wikiwand.com/fr/Banou_Ifren.(검색일자 : 2020.07.06)

<베자이야의 이븐 할둔 동상>

<전통의상을 입은 샤우이족>

사진 3. 이븐 할둔, 샤우이족 사진

아부 꾸라는 이후 수도 틀렘센으로 다시 왔지만, 세가 약화하면서 모로코쪽에서 동진해오는 이드리스왕조(Idriss, 788~974)와 정면충돌을 하게 된다. 수프리즘왕조는 엄격한 교리에 부합하지 못하면서 왕조 또한 오래가지 못했다. 아부 꾸라는 자식에게 왕권을 넘겨주면서 왕조를 잇지 않겠다는 카와리지의 원칙과 교리를 지켜내려 했다. 하지만 그의 생각과는 달리 마땅한 후계자나 왕조를 이어받을 사람이 없는데다, 동진해오는 이드리스왕조에 맞설 힘이 없다 보니 좌절감에 빠지게 되었다. 아부 꾸라는 그나마도 수프리즘을 인정하지 않은 로스템왕조보다 이드리스왕조에 호의적인 생각을 가졌다. 결국 790년 이드리스 1세를 왕으로 받아들이면서 수프리즘왕조는 사실상 이드리스왕조에 통합되었다. 수프리즘왕조는 역사적인 존재감을 드러내지 못하며 단명한 이슬람왕조로 머물고 만다. 그렇지만 이 왕조의 저항 정신은 여러 분야에서 구전으로 인용되고, 지역민들은 그들을 여전히 찬양한다. 곳곳에 파편적으로 남아 있는 관련 유적지들과 문화적 유산은 이 왕조가 적어도 틀렘센 지역에서는 여전히 지역민들의 마음 속에 자리하고 있음을 보여준다.[21] 오늘날 옌나예르(Yennayer, 베르베르의 신년) 축제가 2018년 알제리에서 공식 축일로 인정받음에 따라 이 지역의 수프리즘 전통과 축제가 부활하고 있음은 이를 방증해준다.

초기 베르베르인의 수프리즘은 이렇듯 부당한 아랍의 지배에 맞서 싸우며 왕조를 건설했다. 압바스와 우마이야왕조에 반기를 들었으며, 상속이나 결혼에서도 기독교인이거나 유대인이거나 상관하지 않고 허용했다. 순전히 베르베르인의 관습과 전통에 따라 결혼을 허용했고, 자신들의 전통과 관습이 카와리지파가 추구한 사상과 비슷하다고 보았기에 이슬람으로 개종하는데 크게 걸림돌 될만한 게 없었다. 하지만 이슬람에서는 금기시하는 다신교와도 연합을 하였기에 이슬람교에서는 이단으로 간주하고 배척하게 된다.[22] 수프리즘은 이슬람의 엄격한 교리를 채택하여 종교적 실천에 있어 극단적 성향을 보이기도 했다. 이런 연유로 수프리즘은 오래 지속되지 못하고 온건 이바디즘에게 주도권을 넘겨주게 된다.

중세시대 이베리아반도로 넘어가 론다(Ronda, 말라가 서쪽 100km지점에 위치)에 건립한 바누 이프렌왕조 또한 왕의 극단적

---

21) 실제로 바누 이프렌의 존재는 이후 중세 자이얀왕조가 들어서기 전 마그레브와 말라가를 중심으로 한 이베리아 안달루시아 지역에서도 존재감을 드러냈다. 바누 이프렌은 오늘날 모로코 라바트 인근의 살레(Salé), 이베리아 반도의 론다(Ronda)를 건설하기도 했다.

22) 실제로 바누 이프렌은 이슬람이 도래하기 전에는 이교도를 숭상하고 있었다. 로마의 지배 기간에도 이들은 기독교가 아닌 이교도를 믿는 독특한 관행을 준수했다고 한다. http://www.wikiwand.com/fr/Banou_Ifren(검색일자:2020.05.29)

성격과 통치로 말미암아 오래지속하지 못하고 세비야 타이파(taïfa)[23]에 넘어갔다. 이는 달리 말해 수프리즘 이념과 통치의 한계를 보여준 것이다. 비록 안달루시아에서는 단명한 론다왕조였지만, 이 왕조를 이끈 아부 누르(Abu Nour, 1015-1058)는 바누 이프렌 부족으로 이베리아반도에서 왕조를 구축한 인물이다. 하지만 강압적인 왕조 운영으로 결국 세비야 타이파에 흡수된다. 결국 극단적이고 강압적인 통치 방식이 왕조를 지속적으로 이어갈 수 없게 하였다.

마그레브에서 이드리스왕조에 넘어가기 전 수프리즘은 베르베르의 자나타족인 메크나사(Meknassa)를 통해 마그레브 지역으로 확산해갔다. 메크나사는 알제리 동부의 오레스(Aurès) 지역에 살고 있던 샤우이족의 중세 시대 이름으로, 초기 이슬람 정복 시 타리크 이븐 지야드가 이베리아반도를 점령할 때 같이 동참하며 선두에 섰던 부족이다. 메크나사는 오늘날 '모로코의 베르사유'로 불리는 메크네스(Meknes)와 사하라 대상들의 거점 공간이었던 시질마사(Sijilmassa)[24]를 건립했으며, 이베리아의 압타시드왕조(Aftaside)(1027~1092)[25]를 건립했다. 특이한 것은 그 많은` 베르베르 부족 중에서도 동부지역의 샤우이족이 광범위하게 퍼져나가 베르베르 이슬람왕국을 건립하는 데 중요한 역할을 했다는 점이다.

---

23) 알모라비드왕조가 안달루시아 지역을 평정하기 전인 1091년까지 이베리아반도는 24개의 군소왕국들이 난립하였다. 레콘키스타를 도모한 북부의 기독교 세력은 안달루시아 지역이 통일된 힘을 발휘하지 못했기에 더없이 좋은 호기를 맞게 된다. 이런 상황에서 분열된 왕국의 시기를 타이파왕조 시대라 부르는데, 타이파왕조(1022~1094)는 정치적으로는 분열되어 있었지만 찬란한 이슬람문화를 일구었다. https://fr.wikipedia.org/wiki/Sufrites(검색일자:2020.08.04)

24) 모로코의 4대 황도(皇都) 중 하나로 모로코 중북부에 위치한 도시이다. 시질마사는 알제리 북부와 인접한 도시로 중세 때 번영을 했지만 현재는 쇠락한 도시로 잔락하고 말았다.

25) 메크네스가 스페인의 타이파왕조 시대에 서부 지역 바다조즈(Badajoz)에 건립한 왕조를 일컫는다. https://fr.wikipedia.org/wiki/Aftasides(검색일자:2020.06.07)

샤우이족의 정체성은 베르베르이지만 이슬람을 가장 적극적으로 받아들인 부족으로도 유명하다(사진 3참조). 저항하지 않은 것은 아니었지만, 오히려 지역민의 정서에 맞는 이슬람을 적극 수용하려 했다. 그 결과 수니도 시아도 아닌 카와리지파의 이슬람을 수용하고 확산시켜가는 데 중요한 역할을 담당했다. 이들은 마그레브의 첫 번째 이슬람왕조를 틀렘센에 건립하는 것에도 일조했고, 그 흔적은 여전히 이 지역에 일부 남아 있다. 틀렘센을 언급할 때 베르베르를 언급하는 것은 바로 이런 역사적 과정의 산물에 따른 것이다.[26]

메크나사는 이후 여러 전투를 하면서 힘을 잃어갔다. 하지만 또 다른 베르베르 부족은 마그레브 전체를 통일하는 거대 왕국을 건설해갔다. 카와리지파의 이념을 탈색해가면서 수니파 이슬람으로 무장한 알모라비드(Almoravid, 1040~1147)와 알모하드(Almohad, 1121~1269)왕조가 그것이다. 전자는 오늘날 모로코의 마라케시와 이베리아반도의 코르도바를 통해 그 찬란한 문화적 자산과 경제 번영의 위용을 보여주었다. 베르베르 산하자(Sanhaja)족이 설립한 왕조로 일개 부족이 아닌 여러 베르베르 부족의 연합체로 구성되었다. 산하자족은 주로 서아프리카의 모리타니와 마라케시를 중심으로 한 모로코 지역의 베르베르 연합체로 샤우이 등의 제나타 베르베르와는 다르지만 '베르베르'라는 동일 문화권에 속한다. 알모하드왕조의 경우 과학과 예술, 건축술 등의 분야에서 탁월한 유산을 남겨주며 안달루시아문화권을 확장해갔다. 이후 이 두 왕조와 같이 마그레브 전

---

26) 동부의 샤우이족이 카빌리아를 넘어 틀렘센과 모로코 지역으로 확장해갔다는 것은 쉽게 수긍이 가지 않고 여러 의문이 드는 대목이다. 오늘날까지 이들의 흔적이 알제리 서부와 모로코 일부에서 발견되고 있기 때문이다. 게다가 이슬람 초기 샤우이족은 모자비트족과도 긴밀한 관계를 맺어왔다. 지리적으로 카빌리아와 가장 인접하지만 카빌리아와는 상대적으로 많은 교류가 없었다.

체를 통일하는 거대 왕조는 나타나지 않고, 하이 아틀라스를 중심으로 한 마린(Mérinides, 1244~1465)왕조, 튀니지와 알제리 동부 지역을 중심으로 하는 합씨드왕조(Hafsides, 1236~1573), 안달루시아 문화를 계승한 자이얀왕조가 스페인이 마그레브에 진출하기 전 지역의 패자로써 다시금 등장하였다. 이로써 중세시대 마그레브에서 안달루시아문화를 계승한 틀렘센은 다시 한 번 부활의 날개를 펼칠 기회를 맞는다.

2) 중세시대 틀렘센의 안달루시아왕조

카와리지파를 신봉한 수프리즘과 이바디즘왕조의 붕괴는 마그레브와 이베리아반도에서 알모라비드와 알모하드왕조와 같은 수니파 이슬람왕조가 득세하는 상황을 만들었다. 이 두 왕조는 비슷한 문화권을 형성했으며, 초기 이슬람왕조들과 이슬람의 이데올로기는 달랐지만 베르베르인 중심의 왕조였다는 사실에는 변함이 없었다. 이슬람화 된 안달루시아 지역은 여러 부족이 공존하고 번영하는 콘비벤시아(Convivencia) 전통이 깊게 자리하는 지역이 되어갔다. 실제 안달루시아의 코르도바, 세비야, 그라나다 등의 여러 도시를 보면 '콘비벤시아' 전통이 외관에서 잘 드러난다.

스페인어로 '공존'을 의미하는 단어 '콘비벤시아'는 안달루시아에 거주했던 무슬림, 기독교인, 유대인, 베르베르인 등이 평화적으로 공존하면서 독특한 융합 문화를 가꾸었음을 나타내준다. 하지만 이런 '콘비벤시아' 전통도 11세기 들어 조금씩 균열을 보인다. 칼리프가 중앙정부에 대한 통제권을 상실하면서 지방 총독들이 독립을 선언했고, 아랍 부족 또한 반란을 일으켰다. 이에 따라 중앙정부는 지방정권으로 교체되었고, 칼리프제 또한 폐지되었다. 탈중앙화가 가속화되면서 결국 안달루시아에 '타이파'라 불리는 군소 제왕이 난립하게 된다. 아랍인, 베르베르인, 사칼리바(Saqaliba)[27]의 슬라브인 병사와 지방엘리트가 정권을 잡았으며, 각 지방은 독자적인 군대와 궁정, 행정체계를 갖춘 독립국을 형성하였다. 그렇다고 이들이 세운 지방정부가 이슬람법과 무슬림의 정체성을 내던진 것은 아니었다. 이들은 이슬람과 무슬림의 정체성을 잘 유지하며 문화를 꽃피웠다. 틀렘센 출신의 베르베르 부족인 바누 이프렌은 당시 론다 타이파를 건설했지만 세비야 타이파에 흡수되고 만다. 이후 론다의 이슬람 지배는 카디스의 후작(Marquis of cádiz, 1443～1492)에 의해 1485년 끝을 맺는다.

'레콩키스타' 이후 스페인 종교재판소는 스페인 거주 무슬림을 여러 방면에서 관리 통제하기 시작했다. 1492년 그라나다 함락 이후 스페인은 모든 무슬림과 유대인들이 이베리아반도를 떠나거나 기독교로 개조해야 한다고 결정했다. 하지만 무슬림들은 자신들의 종교를 비밀리에 실천하고자 했다. 무슬림에 대한 억압은 바누 이프렌에게도 적용됐고, 바누 이프렌은 결국 자신들이 초기 이슬람왕조를 구축한 틀렘센으로 떠나 알제리에 안달루시아문화를 개화시켰다.

틀렘센에 세운 안달루시아 이슬람왕조는 '자이얀왕조(Zayyanid, 1235～1556)'라고 불린다. 아라비아반도의 바누 힐랄(Banu Hilal)[28]이 11세기부터 마그레브 지역으로 몰려왔으나 틀렘센지역에

27) 주로 유럽에서 해적질 혹은 전쟁을 통해 납치된 슬라브족 혹은 동유럽 출신의 노예, 그리고 용병을 일컫는 용어로 사용된다. 이 용어는 중세의 북아프리카를 비롯한 아랍 세계, 이베리아 반도의 안달루시아, 시칠리아 등에서 사용되었다. 이들은 이슬람 세계에서는 주로 하인, 하렘, 기술자, 군인, 칼리파 친위대 등의 직업에 종사하였다. https://en.wikipedia.org/wiki/Saqaliba(검색일자:2020.08.29)

는 접근하지 못할 정도로 왕조의 세가 만만치 않았다, 아라비아반도의 외부세력에게 패권을 넘겨주지 않으려는 의식, 그리고 자신들만의 문화와 사회, 관습이 팽배해 있었기에 아랍인이 들어오기란 쉬운 일이 아니었다.

자이얀왕조는 이런 상황에서 탄생한 왕조였지만, 이미 상당한 확장성을 보인 이슬람과 지중해 문화를 품에 안고 태동한 왕조이기도 하다. 알모라비드왕조와 알모하드왕조 시대에 스페인 발레아레스제도와 시칠리아를 점령하였고, 지중해 상권의 중요한 지역들이 아랍·이슬람 수중에 들어갔다. 알모라비드왕조를 이어 마그레브 지역의 통일 왕조 시대를 이어간 알모하드왕조가 1236년 붕괴하면서 탄생한 자이얀왕조는 1554년 오스만 터키에 지배당할 때까지 마그레브에서 안달루시아문화의 중심지로 남으며, 지중해 도시들과 교역을 하며 성장하였다. 틀렘센을 수도로 하며 오늘날의 알제리 영토 대부분을 지배하였고, 오늘날 사용하고 있는 알제리 국가의 원형이 자이얀왕조에서 시작된다.

자이얀왕조가 생기기 전, 즉 알모하드왕조가 힘을 잃어가면서 1236년 오늘날의 튀니지 지역에서 합씨드왕조(Hafside)가 생겨났다. 마그레브 중앙, 즉 오늘날의 알제리 주변 상황은 매우 복잡한 단계에 접어들었다. 틀렘센과 많은 교류를 하고 있던 알제리 동부의 베자이아(Béjaïa)[29]가 합씨드왕조(Hafside, 1228~1574)의 지배

---

28) 1050년 마그레브 지역에 들어온 이후 바누 힐랄은 3세기도 되지 않아 베르베르인들을 언어적으로나 문화적으로 아랍화하는 데 성공해갔다. 알모하드왕조 하의 모로코지역 또한 바누 힐랄과 베르베르인 간의 결합으로 산악지대를 제외하고는 점차 아랍화 되어가며, 오늘날 아랍-베르베르의 정체성이 형성되어갔다(Michel Antony 2006: 16).

29) 베자이아는 오늘날 베르베르문화의 정체성이 가장 강하게 유지되고 있는 카빌리아 지역의 중심도시 중 하나이다. 산악지대의 티지우주(Tizi-ouzou)와 더불어 카빌리아 지역 해양문화권의 한 축을 형성한다. 과거 함마디트(Hammadides) 왕조(1011~1152)의 수도이기도 했으며, 합씨드왕

하에 들어갔고, 틀렘센은 합씨드왕조와 힘을 겨뤄야 하는 상황이 되었다. 서부에서는 마린왕조가 틀렘센을 차지하려고 호시탐탐 기회를 엿보고 있었다. 1268년에는 모울로야(Moulouya) 전투[30]에서 자이얀왕조 군대를 격파하여 오늘날의 모로코와 알제리 국경지대를 장악하는 듯했지만 왕조 자체를 함락시키지는 못했다. 오히려 자이얀왕조가 세를 키우며 마린왕조 수중에 있던 시질마사를 차지하기도 했다.

시질마사는 중세 시대에 사하라 횡단 무역의 중요한 도시였다. '사하라의 문'이라는 별칭을 얻기도 했고, 오늘날 폐허 도시로 전락하였지만 모로코에서 가장 먼저 생긴 이슬람 도시 중 하나이다. 자이얀왕조가 이 도시를 차지하려고 한 이유는 이 지역이 수프리즘왕가의 마지막 피난처였었기에 늘 언젠가는 다시 이 지역을 탈환하겠다는 틀렘센 지역민들의 간절함이 있었기 때문이다. 하지만 자이얀왕조의 시질마사 점령은 오래가지 못했다. 1264년 시질마사를 점령한 후 정확히 10년 만에 마린왕조에 시질마사를 넘겨주고 만 것이다. 이처럼 당시 마그레브의 주도권을 쥐기 위한 투쟁은 아라비아 반도에서 온 아랍과 베르베르, 그리고 베르베르 부족과 베르베르 부족 간의 치열한 경쟁에서 비롯되었다.

자이얀왕조의 창건자는 야그모라센(Yaghmorassen, 1236~1283)이다. 당시 상황이 그랬지만 야그모라센은 마린왕조와 합씨드, 마그레브 중앙의 여러 부족과 왕조 창건 때부터 경쟁했다. 알제리 동

조의 지배 하에서는 베자이야 합씨드(Béjaïa's Hafside, 1249~1276)의 독립 왕조로 잠시 존속하기도 했다. https://fr.wikipedia.org/wiki/Hafsides_de_B%C3%A9ja%C3%AFa(검색일자:09.28)

30) 모로코에서 가장 긴 강 중 하나이다. 약 520km정도로 미들 아틀라스에 수원이 자리하고 있으며 수맥은 지중해 연안에서 끊긴다. https://fr.wikipedia.org/wiki/Moulouya(검색일자:2020.05.10)

부 도시 베자이야가 합씨드왕조 수중에 들어가며 균형을 잃어가는 듯 했지만, 자이얀왕조는 15세기 말까지 합씨드왕조와 동등한 관계를 유지하였다. 종교와 학문, 군사 면에서 실질적인 안달루시아문화를 일궈내며 성장해갔다. 모든 것이 수도 틀렘센에 집중된 것이 단점이라면 단점일 수 있다. 수도 틀셈센에만 모든 것이 집중되었다는 것은 인근 지역이 상대적으로 취약했음을 말해준다. 이는 부족 간 경쟁이 치열한 상황에서는 왕조의 기반을 흔들 수 있는 원인이 되었다. 특히 콘스탄틴과 오랑 등에 몇몇 지역 부족의 집합체가 난립하며 틀렘센왕조를 위협했다. 수도를 제외한 다른 지역의 취약성이 드러나다 보니 외부의 침입에 일일이 대응할 수도 없었다. 이런 상황에서 아라비아반도의 바누 힐랄이 들어오며 기존의 이슬람 지역을 혼란스럽게 한 요인들이 이후 지역의 불안정을 더욱 가중시켰다.[31] 그렇다고 이들 외부 세력이 중앙 정부를 전복시킬 정도의 위력은 되지 못했다. 그 수가 많지 않았기 때문이다. 오히려 지중해 건너편의 유럽이 자이얀왕국을 위기에 몰아넣었다. 이렇듯 틀렘센이 정치적으로 취약해진 데에는 주변 지역의 도전도 한몫했지만, 지중해 북부 기독교 국가들의 힘이 강해졌기 때문이다. 이런 상황은 이베리아반도 상황과 매우 흡사했다. 어쨌든 거센 도전을 받았지만 틀렘센은 행정 체계를 갖춘 도시로 기능과 역할을 갖추어 갔으며 지중해 맞은편 도시 국가들과 교역할 정도로 성장해갔다.

리차드 로리스(Richard I. Lawless)는 당시 틀렘센의 모습을 비교

31) 바누 힐랄은 마그레브 지역의 아랍화에 상당한 기여를 했지만, 동시에 토착민 간의 반목을 일으킨 주역이기도 하다. 이들은 현재까지도 베르베르인들과의 충돌로 사회적 문제를 야기하기도 한다. 특히 베르베르 일파인 모자비트족이 있는 음자브(M'zab)지역의 경우 아랍과 베르베르인 간의 분쟁 지역에 속하는 곳이 되고 있다(임기대 2014).

적 상세히 설명해준다. 그에 따르면, 먼저 틀렘센에는 공식적으로 임명된 지중해 도시들의 대사와 영사가 있었다. 특히 마흐잔(Makhzan)과 군 지휘관, 왕자의 개인 경호원, 기독교 용병, 도시 주둔 군병이 있었다. 짜임새 있는 군과 행정 조직을 갖추고 있던 것이다. 자이얀왕조의 마흐잔 수는 마린왕조보다 그 수가 더 많았다. 예를 들어 야그모라센이 권력을 잡았을 때, 그는 재상 격인 비지르(vizir)를 임명하였고, 하집(hâjib)과 소통비서, 군비서, 재무상, 재정재판관인 까디(Qadi)[32]를 임명하기도 했다. 처음에는 지역 출신 위주의 인물로 구성했지만, 이후 안달루시아에서 온 무슬림과 이슬람으로 개종한 무슬림 노예들도 왕가의 중요한 직책에 오를 수 있게 하였다. 이들을 서열화시키면서 수도와 개별 마을 지도자들을 선별하여 임명하였다. 토착민들이 초기 이슬람화 과정에서 중앙집권화에 반대하여 반기를 든 것과 달리, 자이얀왕조는 수도에 집중하는 중앙집권적 국가 형태를 갖추면서 안달루시아문화 도시로서의 위용을 갖춰나갔다. 하지만 수도에 너무 집중하다 보니 상대적으로 항구 도시를 제외한 다른 지역의 환경이 취약해졌다. 그 결과 지역의 다른 부족이 아닌 유럽 도시들이 틀렘센을 호시탐탐 넘보게 된다.

3) 안달루시아문화의 개화

자이얀왕조 통치자들은 틀렘센의 종교적, 문화적, 지적 생활 수준

32) 비지르(아랍어로 وزير이며 vizir, vazir, wasîr, wesir 등으로 표기됨)는 무슬림 최고 지도자들의 자문관 혹은 재상의 역할을 하는 고위급 관리를 일컫는다. https://fr.wikipedia.org/wiki/Vizir(검색일자:07.27). 하집은 이슬람 제국에서 일반 민중이 지배자에게 접근하지 못하도록 입구를 지키거나, 인정받은 사람만을 만나게 하는 역할을 하는 관직명이다 (김정위 2002: 670). 까디(아랍어로 قاضي)는 시민, 법률, 종교 관련한 무슬림 재판관을 지칭한다. 일상의 문제들, 즉 결혼이나 이혼, 상속 등의 문제를 해결해 주는 사람이다. https://en.wikipedia.org/wiki/Qadi(검색일자:2020.08.27)

을 향상시켰다. 무엇보다 모스크와, 교육과 숙식할 수 있는 공간인 메데레사를 지었다. 도시의 모스크에는 학교 기능을 할 수 있도록 했으며, 왕조는 이를 충족시키기 위한 노력을 했다. 남학생들이 주를 이루었으며 그 수는 많지 않았다. 교육은 하디스(Hadith, 마호메트의 말씀과 관행을 기록한 책)와 이슬람법 위주의 교육에서 크게 벗어나지 않았다. 당시 틀렘센에는 이슬람문화 도시로 평판이 나 있어 모로코의 페스나 튀니스에서도 수학하기를 원해 많은 이슬람학자들이 모여들었다. 이슬람을 강조하는 알제리가 역사적으로 이렇게 이슬람 중심으로 알제리 영토를 형성한 적이 없었다. 그만큼 지역민의 자긍심은 클 수밖에 없었다.[33)]

이처럼 안정적인 왕조를 구축한 데에는 이베리아반도의 안달루시아와의 교류가 큰 역할을 했다. 자이얀왕조는 이베리아반도의 마지막 이슬람왕조인 나스르왕조(Nasrid Dynasty, 1232~1492)와 평화조약을 체결하여 안달루시아 문물을 적극적으로 도입하였다. 틀렘센의 술탄 중에는 안달루시아 궁정에서 교육받고 성장한 인물들이 있다. 자이얀왕조의 4대 술탄 아부 함무 무사 1세(Abou Hammou Moussa Ier, 1266~1318)가 대표적인데, 그는 그라나다의 알함브라 궁전에서 교육받고 성장했다. 지나치게 총명하고 유능해서였는지 그에 대한 주변의 견제도 심했다. 특히 왕조를 지배하려는 욕망이 강했던 동생의 견제가 심했고, 결국 동생에 의해 살해되었다.[34)] 동생 술탄 아부 타스핀(Abû Tâshfîn, 1293~1337)은 비록 형을 암살해가며 권력 쟁취에 성공했지만, 그의 재임 동안(1318~1337)에 이룬 공적은 인정하지 않을 수 없

33) 실제 틀렘센은 2011년 <이슬람문화의 수도>로 지정되어 지역민의 자긍심을 고취시키기도 했다. 알제리에서는 2015년에 지정된 콩스탕틴과 더불어 이슬람의 정체성을 상징하는 지역이 되었다.

34) https://fr.wikipedia.org/wiki/Abou_Hammou_Moussa_Ier

을 정도로 뛰어났다. 그는 여러 기념비적 문화자원을 만들었고 안달루시아문화가 틀렘센을 중심으로 마그레브 지역에 확장하는 데 크게 기여했다. 지중해 도시국가들과 관계를 강화해갔고 특히 사하라 횡단 무역의 중심지로 위상을 회복했다.[35] 아래 사진 4에서 볼 수 있듯이 그는 오늘날의 엘메슈아라 궁 바로 옆에 있는 그랜드 모스크를 건설하기도 했다. 지금은 남아 있지 않지만 프랑스의 식민 기간에 파괴된 이슬람 대학을 설립했으며, 지역에서 추앙받는 여러 이슬람 지도자의 영묘를 건설했다.

<그랜드 모스크>

<마데레사(이슬람 학교)>

<이슬람 영묘>

사진 4. 틀렘센의 모스크와 영묘

이렇듯 아부 타스핀은 왕조를 문화적으로 번성하게 하려는 의지가 대단했다. 아들까지 스페인으로 보내 교육시킬 정도로 안달루시아문화에 지대한 관심을 보였다. 이처럼 자이얀왕조의 통치자들은 안달루시아문화를 배우려 했고, 틀렘센의 시인들은 노래로 안달루시아를 찬양하기도 했다. 왕궁은 그라나다 알함브라 궁의 모습(사진 2 참조)을 그대로 재현해냈으며, 심지어 의복과 요리 등을 모방

35) https://fr.wikipedia.org/wiki/Ab%C3%BB_T%C3%A2shf%C3%AEn(검색일자 : 2020.07.02)

하여 도시의 삶 속에 스며들게 하였다. 알제리에서도 이 지역은 안달루시아문화를 유지하여 화려하고 풍요로운 이슬람문화를 유지한 곳으로 유명하다.[36)]

틀렘센왕조의 대표적인 항구에는 호나인(Honaïne)이라는 항구가 있다. 이 항구는 스페인의 남동부 항구 도시인 무르시아(Murcia)와 가장 많은 교역을 한 곳이다. 배로 이틀 정도 밖에 걸리지 않아 틀렘센과 그라나다는 공통의 운명 관계를 맺고, 자매 도시 관계를 맺었다. 많은 시인이 그라나다에서 머물렀지만, 동시에 많은 시인과 지식인들이 틀렘센에도 거주하며 안달루시아문화의 풍요로움을 키워갔다. 이렇듯 틀렘센의 자이얀왕조는 안달루시아문화를 확산시키면서 시인과 지식인의 활발한 활동을 통해 베르베르의 심장에서 아랍어 사용을 적극 확산시켜갔다. 이런 영향 때문이었을까? 오늘날의 틀렘센은 베르베르의 심장이었음에도 불구하고 안달루시아와의 교류로 인해 오히려 베르베르어가 소멸된 대표적인 지역으로 꼽힌다. 그만큼 당시의 자이얀왕조는 안달루시아문화에 매료되어 토착문화를 발전시키기보다 아랍어와 이슬람문화를 활성화시켰다.

베르베르어 사용이 완전히 중단된 것은 아니었지만 이후 그라나다와 틀렘센의 밀착 관계는 아랍어를 '중심어'로 자리잡게 했다. 자이얀왕조의 아랍어화는 이 지역이 향후 이슬람적 정체성을 만들어가고, 이슬람문화의 중심도시로 성장해가는 데 상당한 기여를 한다. 자이얀왕조 창건자인 야그모라센은 자신의 집무실에서 늘 베르베르어로 말했다고 한다(Stephen Harold Riggins 1992: 246). 하지만 이런 그의 노력도, 이베리아반도에서 들어온 안달루시아문화의 영

36) 실제 화려해 보이는 틀렘센의 의복과 결혼 풍습 등은 한국을 비롯한 해외에서 알제리를 소개할 때 많이 등장하며 여러 홍보물로 활용되기도 한다.

향으로 오래가지 못했다. 사람들은 시인과 지식인을 찬양하며 아랍어로 시를 쓰고, 틀렘센은 아랍어 중심도시가 되어갔기 때문이다. 이븐 할둔 또한 베르베르인으로서 이 도시에 살며, 아랍어로 글을 썼고 도시를 찬양했다고 한다. 이와 같은 훌륭한 학자들이 거주하고 아랍어문화를 전파하면서 지역의 명성은 다른 지역으로까지 확산해갔다(Hassina AMROUNI, 2012). 이렇듯 안달루시아에서 온 이주민과 그들의 안달루시아문화 도입은 아랍어 사용을 틀렘센에서 확산시켜가는 데 일조했다. 아랍의 바누 힐랄(Banu Hilal)이 마그레브의 아랍어화에 일조한 것도 분명한 사실이지만 안달루시아문화의 영향권에 있던 베르베르인 스스로가 아랍어 사용을 해가며 점차 자신들의 언어를 잃어갔다. 현재는 틀렘센에서 베르베르어 사용은 소멸하였으며, 몇몇 문화적 흔적만이 자이야왕조 시기 조상들의 혼을 담아내어 유지하고 있다.[37]

3. 지중해 무역 도시들과의 교역

틀렘센은 스페인의 침략을 받았지만 이슬람 색채를 유지해가며 무역 도시로 번성해갔다. 수도 틀렘센 이외의 변방 지역이 공격받으면서 왕조는 쇠락해갔지만 틀렘센은 지중해 도시 간의 교역에 있어 중요한 축을 형성한 것이다. 지중해 도시와의 교역은 기독교 국

37) 대표적으로 베니 수느(Béni Snous)를 일컬을 수 있다. 베니 수느는 자이얀왕조를 대표하는 장군을 시조로 모신 베르베르 일파이다. 현재 틀렘센에 남아 있는 유일한 베르베르인이자 자이얀왕조의 베르베르문화를 보존하고 있는 부족이기도 하다. 건축적으로는 샤우이족의 전통을 따른다. 언어는 모로코의 리프지역민과 같은 계통이다. 이들은 베르베르의 신년인 '옌나예르'(Yennayer)를 가장 적극적으로 기념하는 행사를 하고 자신들이 마그레브 베르베르의 역사와 혈통을 잘 지키고 있다고 생각한다(Djamale Alilat 2016).

가들과 경쟁과 협업을 병행해가도록 했다. 스페인, 프랑스, 이탈리아 도시들과의 교역을 늘려 부를 축적하고 도시를 성장시켰다. 틀렘센 인근의 오랑과 그라나다와의 교역에 있어 중요한 역할을 한 호나인도 대표적인 항구 도시로 성장했다. 도시가 활성화되고 틀렘센에 들어오려는 항구 도시들이 늘면서 패권 경쟁도 치열해졌지만 이미 활발해진 무역 활동을 중단시킬 수는 없었다.

스페인 아라곤왕국과는 금 무역을 하였다. 당시 금 무역은 사하라이남 아프리카와 유럽과의 중요한 거래 품목이었다. 레콩키스타가 진행되면서 아라곤왕국은 교황 이노센트 4세(1243~1358)의 후원으로 발레아르 군도를 합병했다. 13세기 정복 군주 차이메 1세(1208~1276)는 막강한 해군력을 구축하여 틀렘센왕조를 공격하기도 했다. 공식 관계에서는 이렇듯 긴장과 패권 다툼을 중단하지 않았지만, 민간 교류는 꾸준히 이어졌다. 아라곤이 공격해오자 틀렘센 태수는 바르셀로나와 교류를 트며 아라곤을 견제했다. 나아가 카탈루냐는 1254년 틀렘센에 무역관을 설치하였다. 아라곤왕국도 긴장 관계보다 무역 활성화를 선호했기에 3년 임기의 외교관을 틀렘센에 파견하였다. 1256년 차이메 1세는 이 외교관으로 하여금 기독교 병사들을 감독하고 기독교 상인의 이권 보호 업무를 맡게 했다. 아라곤의 제임스 1세는 틀렘센에 상업 재판관을 파견하기도 했다. 틀렘센왕조에는 아라곤 무역상들이 상시 통행증을 지참할 수 있도록 요구하였고, 무역 거래에 있어 다른 도시보다 우위 관계에 있게 해달라고 요구하였다. 제임스 1세는 아들을 틀렘센 사령관으로 임명하기도 했다. 안달루시아문화가 꽃피면서도 스페인 기독교 왕조와의 교류를 이어간 자이얀왕조는 근대 국가 알제리의 탄생 이전까지 오늘날 알제리에서 가장 번창과 성장을 해간 왕조이다.

자이얀왕조는 이탈리아[38] 이외에도 프랑스 남부 도시와의 교역에도 적극적이었다. 특히 몽펠리에와 마르세유, 나르본은 남프랑스 도시 중에서도 무역이 활발한 곳이었다. 12세기 들자 프랑스 도시가 마그레브 도시와의 교역을 원했다. 프랑스 도시는 당시 강국인 제노바공국의 보호를 받으며 마그레브에 진출했다. 자이얀왕조는 동부로는 튀니지와 근접한 베자이야의 해상로를 따라 상거래 활동을 했다. 유럽의 다른 지역 상인보다 마르세유 상인에게 더 많은 혜택을 주자 마르세유는 즉시 무역 상관을 설치하였다. 마르세유와 알제 항구 간의 관계는 이렇게 오랜 역사를 갖게 되었다.

마르세유 이미지가 20세기 초 이민자들이 몰려오면서 부각된 도시라는 점과는 달리 마그레브는 사실 지중해를 두고 오랜 교류의 역사를 쌓아온 곳이다.[39] 특히 망듀엘(Les Manduels)[40] 가문의 자산가나 은행가는 마르세유와 마그레브 간의 교역을 촉진시켰다. 13세기 초엽의 에티엔느 망듀엘은 무역 중개상을 통해 양 지역에 많은 돈을 투자하였다. 1232년 들어서면서 망듀엘은 제노바-오랑의 무역로를 따라 형성된 상거래의 공동 출자자가 되었다. 그는 오랑과 틀렘센, 알제, 테네스(Ténès, 알제 서쪽 200km 지점의 해안 도

---

38) 여기에서는 틀렘센과 중요한 관계를 맺고 있는 스페인과 프랑스의 도시 간 관계만 언급하고자 한다. 지중해 문명교류의 중요성을 고려할 때 이탈리아 도시들이 차지하는 비중이 높지만, 여기에서는 안달루시아문화권에 초점을 맞추고자 한다.

39) 마르세유는 20세기 초반부터 진행된 마그레브 이민자들의 도시로 간주되지만, 12세기부터의 교역은 마르세유가 이미 마그레브 지역과 상호 교류를 하며, 이주했던 곳임을 알게 해준다. 특히 2013년 마르세유의 <유럽-지중해문명박물관>(Mucem) 개장과 더불어 마르세유는 지중해의 문화와 역사성을 담은 도시로 성장해가고 있다.

40) 망듀엘은 마르세유에서 110km떨어진 지역이다. 망듀엘가(家)는 재력을 바탕으로 당시 해상 무역에서 중요한 역할을 했다. 특히 섬유 무역은 당시 지중해 세계에서 가장 중요한 교역품 중 하나였는데 망듀엘가가 중요한 역할을 담당했다 (Nam Jong-kuk 2007)

시)에서 상거래를 했고, 가족 또한 틀렘센 지역의 항구를 자유롭게 드나들었다. 이런 식의 무역 교류는 1270년 가톨릭에서 성인으로 추대된 프랑스 왕 루이 9세(1214-1270)의 십자군 전쟁으로 중단되기도 했지만, 무역 거래 자체가 완전히 사라지지는 않았다. 15세기 초에 남프랑스의 선박이 알제 항구에 선박했다는 사실이 마르세유 기록물에서 나타나며(DE MAS LATRIE 1866: 1), 교역은 15세기 들어서도 꾸준히 계속 이어졌다. 니스와 툴롱 항구도 영향을 받아 일부 선박이 마르세유 선박에 합류했다. 이렇게 합류한 마르세유 선박은 틀렘센 지역의 항구도시 오랑이나 알제항으로 진출하였다. 마르세유가 진출한 시기와 거의 비슷한 시기에 프랑스 남부의 몽펠리에 또한 틀렘센과 무역 교류를 시작하며, 오늘날 알제리의 항구도시들이 남프랑스 도시들과 교역하기 시작했다. 자이얀 왕조는 이렇듯 안달루시아문화를 번성하게 했고 지중해 무역의 중심지로 뻗어갔다.

하지만 15세기 말부터 상황은 달라졌다. 이베리아반도에서 정략적 결혼을 한 기독교 국가의 부부가 탄생했기 때문이다. 이들은 이사벨과 페르난도로 각각 아라곤(Aragon)과 카스티야(Castilla)라는 왕조의 통치자였다. 이 두 왕조는 규모나 제도, 전통, 언어 면에서 달랐지만 기독교화를 추진한다는 공동의 목표를 갖고 결혼하면서 안달루시아 지역의 기독교화를 추진했다. 마그레브 안달루시아 중심지인 틀렘센 또한 스페인의 표적이 되었다. 자이얀왕국의 무능함에 따른 것이겠지만 결국 메르스 엘케비르(Mers-el-Kébir)[41]를 스페인

41) 오랑 근처의 항구 도시이다. 고대부터 로마의 항구도시, 알모하드왕조의 해군기지로 사용되기도 했다. 1505년부터 1708년까지 스페인의 지배를 받았다. 1830년 프랑스가 알제리를 식민지배 하자마자 곧바로 프랑스령으로 삼을 정도로 중요한 항구도시였다. 1940년에는 영국과 프랑스 해군 간 전투가 벌어지기도 했다.

수중에 넘겨주고 말았다. 스페인은 틀렘센왕조에 일정한 형태의 요구를 내걸었다. 당시 자이얀왕조의 통치권자인 술탄 무함마드 7세(1528~1545)는 10년의 평화 협정을 체결하는 대가로 스페인의 요구를 상당 부분 수용했다. 정치적으로 종속이 되면서 항구의 통제권도 스페인에 넘어갔다. 이후 스페인은 자이얀왕조의 해변가와 항구 모두를 소유하게 된다. 무함마드 7세 또한 자신을 인정해주고 외부의 침략을 방어해준다면 스페인의 진출을 수용하겠다고 했다. 이런 상황에서 틀렘센은 자연스레 쇠락해질 수밖에 없게 되었고, 오스만 터키 이전까지 스페인의 식민 도시로 전락하게 된다(Belkacem Daouadi 2009: 139~142).

<안달루시아풍의 도시 건물> <안달루시아풍의 도시 건물> <현대도심의 모습>

사진 5. 안달루시아풍의 도시 건물과 현대 도심 모습

자이얀왕조는 틀렘센을 중심으로 안정적인 왕조를 구축해갔지만, 틀렘센 이외의 주변 지역은 늘 다른 왕조와 부족들의 견제와 공격에 시달렸다. 게다가 아라비아반도에서 건너 온 바누 힐랄의 마그레브 침입은 지역 상황을 갈수록 어렵게 만들었다. 이는 이베리아반도의 패권을 장악해가는 기독교의 스페인이 마그레브 지역을 노릴 수 있는 여건을 만들어 주었다. 십자군전쟁은 기독교 국가의 결속력을 부추겼고 교황권 강화 또한 기독교 국가의 투쟁성을 한껏

부추겼다. 기독교 국가는 지중해의 패권을 두고 마그레브왕조와 겨뤄도 될 만 하다는 자신감을 가졌다.

익히 알려졌듯이 스페인은 '레콩키스타'에 적극적으로 참여했다. 그 덕에 틀렘센의 안달루시아문화가 개화했지만 동시에 스페인의 위협 앞에 속수무책으로 당하는 처지가 되고 말았다. 스페인은 마그레브 주요 항구를 차례로 손에 넣었다. 튀니지의 제르바(Djerba) 섬이 1286년부터 1335년까지 스페인에 점령당했고, 리비아의 트리폴리는 1355년, 알제리의 안나바(Annaba)는 1399년, 모로코의 테투안(Tetouan)이 1399년 스페인 수중에 들어갔다. 기독교의 공격은 1453년 5월 29일 오스만 터키에 콘스탄티노플(이스탄불)을 빼앗긴 치욕스러운 역사를 갚으려는 것이기도 했다.

오스만 터키는 이슬람을 내세워 기독교와의 대결에서 승리하며 마그레브 일대 지중해 패권을 장악하였다. 오스만이 승리하기 전까지 기독교의 전략은 마그레브 연안 항구를 차지하거나 무슬림들의 선적선을 파괴하면서 마그레브를 경제적으로 봉쇄하고 중동 지역과 오스만 터키와 단절시키고자 했다. 이런 대립 상황이 지속하면서 15세기 들어서자 틀렘센을 비롯한 마그레브는 이슬람 세계에서 가장 힘이 없는 세력이 되었다.

4. 다시 '틀렘센'을...

안달루시아문화 지역인 틀렘센은 역사 속에서 유럽과 아프리카, 지중해 문명을 흡수해가며 문명의 상호교류를 가장 선명하게 공유하고 있는 곳 중 하나이다. 이슬람이 도래하기 이전은 물론 이슬람

이후의 수용 과정에서도 이 지역은 토착민의 가치를 우선하며 타종교를 수용하였다. 여기에서 언급한 이슬람의 수프리즘왕조는 이에 대한 좋은 사례이다. 그것은 지역의 특성과 기질을 반영한 선택이었고, 이는 오늘날 틀렘센 지역의 정체성을 형성하는 배경이 된다.

틀렘센은 동서로는 모로코와 리비아 사이의 교차로, 남북으로는 지중해 도시 국가들과 사하라(말리, 수단)를 잇는 교역의 중심지로 번성했던 마그레브 안달루시아문화 중심지이다. 베르베르인이 주류를 이뤘지만, 현재는 소수 부족인 베니 스누(Béni snous)만이 존재하며 베르베르문화의 흔적을 힘겹게 지탱하고 있다. 이슬람의 카와리지파가 먼저 들어왔고, 이후 안달루시아문화, 스페인, 오스만의 문명이 들어오면서 여러 문명이 공존하며 번영과 쇠락을 같이 했다. 여타 마그레브 지역과 달리 여러 면에서 특별한 면을 보이는 곳이지만 결국 안달루시아문화를 개화시킨 곳이 되었다.

이슬람 초기 베르베르인은 이베리아반도를 이슬람화하는 데 공헌했다. 당시의 주역은 카와리지파를 신봉한 베르베르인이었다. 베르베르인이 창건한 중세 자이얀왕조는 이베리아반도의 안달루시아가 힘을 잃어갈 때 마그레브의 안달루시아문화가 개화하는 데 크게 기여했다. 더불어 지중해 해상 도시들과의 교역을 통해 여타 유럽의 지중해 도시와 다를 바 없는 위상을 누리기도 했다. 안달루시아문화를 수용하면서 사하라 일대 무역로를 크게 열었고, 항구 도시 오랑과 호나인을 통해 지중해 무역로를 열어간 것이다. 틀렘센은 아프리카의 금과 노예, 상아가 유럽으로 들어가는 데 있어 중요한 지점이 되었지만, 레콩키스타 이후 기독교 국가 스페인의 지배를 받으며 빠르게 쇠락해갔다. 하지만 21세기 들어 알제리 부테플리카 집권 동안 이 지역 출신자가 대거 권력의 중심에 들어서며 지역민의 자긍심은 높아갔다(임기대 2019b). 자이얀왕조 국기가 오늘날 알제리 국기의 원형이 된 것처럼, 과거의 영광과 자부심이 오늘날 권력의 현장에서 재현되고 있는 것이다. 하지만 이들 권력 또한 부패와 부정으로 결국 법의 심판을 받고 있어 아쉬움을 남겨준다. 아무리 한 지역의 과거 영광을 재현한다는 명분으로 권력을 잡는다 해도 그것이 과하면 민의의 심판을 받는다는 것을 역사는 곳곳에서 증명해주고 있다[42].

일개의 도시에 불과한 틀렘센을 조명하는 일은 알제리 현대사회에 대한 이해는 물론 안달루시아문화권에 대한 확장된 이해를 필요로 한다. 초기 이슬람을 받아들인 것을 시작으로 지중해 도시와의 활발한 교역은 틀렘센이 유럽 도시 국가와 교역해가며 안달루시아 왕조로서의 위상을 어떻게 구축해갔는지를 알게 한다. 이렇듯 문명교류의 역사는 오늘날 안달루시아의 문화 중심 도시로서 굳건히 자리매김하게끔 하고 있다.

42) 틀렘센 지역에서 정권을 잡으면서 부정과 부패가 극심했고 이는 결국 민중 시위, 즉 '히락'이 발생하는 계기가 됐다. 더불어 부테플리카 대통령이 퇴진하고 그와 함께한 부패 정치인은 법의 심판을 받았다. 틀렘센 출신 지역의 권력과 관련해서는 임기대(2020) 참고.

참고문헌

고용희, 2015, 「스페인 안달루시아에 이주한 북아프리카인 실태 연구 -모로코인을 중심으로-」, 『인문학연구』, 제 50집, 165-189.

김정위, 2002, 『이슬람 사전』, 학문사. 서울.

손주영, 1997, 『이슬람 칼리파制史: 이슬람 정치사상과 역사』, 민음사. 서울.

아이라 M. 라피두스, 2009, 『이슬람의 세계사 1』, 이산. 서울.

임기대, 2019a, 「부테플리카 집권기의 알제리 권력 지형과 속성에 관한 연구-안달루시아 문화중심도시 '틀렘센'을 중심으로」, 『한국아프리카학회지』, 제 56집, 231-264.

임기대, 2019b, 「부테플리카 중병과 퇴진 그리고 알제리 정치 체제에 남겨진 문제에 관한 연구」, 『프랑스문화연구", 제 41집 여름호, 431-458.

임기대, 2019c, 「음자브(M'zab 지역과 이바디즘: 마그레브 이슬람의 '특이성'에 관한 연구」, 『한국아프리카학회지』, 제 58집, 115-146.

임기대, 2020, 「모로코와 알제리에서의 '히락'과 베르베르 정체성에 관한 연구」, 『한국프랑스학논집』, 제 110집, 163-191.

임기대, 2020, 「중부 지중해지역의 이슬람 '소수자-되기'에 관한 연구」, 『한국아프리카학회지』, 제 59집, 116-144.

하병주, 2019, 「알카에다/IS 사례로 본 이슬람극단주의의 기저」, 『한국연구재단 연구과제 전문가 간담회 발표 자료집』, 1-20.

Belcacem Daouadi, *Les relations commerciales entre le royaume Abdelwadide de Tlemcen et les villes du sud de l'Europe occidental à partir du milieu du XIIe siècle jusqu'au milieu du XVIe*, Université Jean Moulin-Lyon III/CNRS. 2012.

Chikh Bekr, *Le royaume Rostémide: Le premier Etat Algérien*, ENAG Editions, Alger. 2005.

DE MAS LATRIE, *Traités de paix et de commerce et documents divers concernant les relations des Chrétiens avec les Arabes de l'Afrique du Nord au Moyen-Âge tome 1*, Henri Plon imprimeur-éditeur, Paris, 1866.

Djamale Alilat(2019), "Beni Snous, le dernier royaume berbère de Tlemcen",

El Watan, 2019.03.03.
Fatima Zohra Bouzina-Oufriha, *Tlemcen ai XVe siècle d'après ;e traité de Hisba de Mohammed El'Oqbani*, ENAG Edition, Alger.2016.
Gabriel Camps, *Encyclopédie Berbère XXIII*, Edisud, Aix-en-Provence, France. 1-164. 2000.
Hassina AMROUNI(2012), "Tlemcen, carrefour intellectuel: La cité a enfanté de nombreuses figures illustres", *Mémoria*, 2012.08.01.
Michel Antony, "Sur les traces des Almohades", Lycée Colomb, Paris. pp.1-16. 2006.
Nam Jong-kuk, *Le commerce du coton en Méditerranée à la fin du Moyen Age*, Leiden, Boston. 2007.
Pierre Bourdieu, *Sociologie de l'Algérie*, PUF, Paris. 2006.
Richard L. Lawless, "Tlemcen, capitale du Maghreb central. Analyse des fonctions d'une ville islamique médiévale", *Revue des mondes musulmans et de la Méditerranée* 20. pp.49-66. 1975.
Stephen Harold Riggins, *Ethnic Minority Media: An International Perspective*, Sage publications, Newbury Park, 1992.
Virginie Prevost, *Les Ibadites. De Djerba à Oman, la troisième voie de l'Islam, Turnhout, Brepols*. 2010

인터넷 사이트

https://en.wikipedia.org/wiki/Tlemcen
https://fr.wikipedia.org/wiki/Maur%C3%A9tanie
https://fr.wikipedia.org/wiki/Vizir
https://en.wikipedia.org/wiki/Qadi
http://www.wikiwand.com/fr/Banou_Ifren
https://fr.wikipedia.org/wiki/Histoire_des_Juifs_%C3%A0_Tlemcen
https://www.judaicalgeria.com/pages/communautes-juives-d-algerie/communaute-de-tlemcen.html
https://fr.wikipedia.org/wiki/Moulouya
https://fr.wikipedia.org/wiki/Hafsides_de_B%C3%A9ja%C3%AFa
https://fr.wikipedia.org/wiki/Abou_Hammou_Moussa_Ier
https://fr.wikipedia.org/wiki/Ab%C3%BB_T%C3%A2shf%C3%AEn
https://fr.wikipedia.org/wiki/Capitale_de_la_culture_islamique
https://en.wikipedia.org/wiki/Saqaliba

3부

청동기 말기와 초기 철기시대의 안달루시아

(Andalusia in the Late Bronze and Early Iron Age)

청동기 말기와 초기 철기시대의 안달루시아 (Andalusia in the Late Bronze and Early Iron Age)

세바스티안 뮐러(Sebastian Müller)

Geography and Topography of Andalusia

Andalusia in the southern part of the Iberian Peninsula is in many ways an interesting area for the subject of Mediterranean Studies. This is true from a geographic perspective considering that this is a region in the westernmost outskirts of the Mediterranean, but also from the cultural angle, since Andalusia attracted the attention of people throughout human history, long before the name, established by Muslim writers, came into being. In short, Andalusia has its unique traits but is also an exemplary case for a Mediterranean region.

The topography and location of Andalusia are two key aspects that explain its significance within the Mediterranean setting. The most obvious point is that Andalusia is located at the transition between the Mediterranean Sea and the Atlantic Ocean intersected by the Strait of Gibraltar or as it was called in ancient times the 'Pillars of Heracles'. In prehistory and antiquity, the navigation through the strait was not a trivial task. Depending on the winds, ships had to wait for weeks or even months to pass, which made the southern coast of Andalusia an important anchorage ground. The western or Atlantic coast of Andalusia provided access to the hinterland that is separated from the Mediterranean coast by the Baetic mountain system which consists of several mountain ranges. The proximity of the mountains to the coast creates a typical feature of the Mediterranean that has been highlighted by no one lesser than Fernand Braudel, who has pointed out the enormous variety of the Mediterranean environment on a comparatively small surface area: the coast, and a stripe of plain ground, followed by rocky hills that mount up to strong mountain ranges with snow covered summits.[43] In opposite, the Atlantic coast is characterized by smaller hills and the Baetic depression which also includes the valley of the Guadalquivir, whose estuary was located more inland, not far away from the city of Sevilla in the Bronze Age. In prehistoric times several settlement sites that appear today in the hinterland were actually located next to the sea.[44] The valley of the Guadalquivir is rich of fertile soil and

---

43) Fernand Braudel, *The Mediterranean and the Mediterranean World in the Age of Philip II*, vol. 1, Berkley/Los Angeles/ London: University of California Press, 1995, pp. 26-27.

44) Eleftheria Pappa, "Retracting the divisions? Fresh perspectives on Phoenician settlement in Iberia

together with the beneficial climate, it provided ideal conditions for the cultivation of crops, vegetables and fruits. Due to these features the Guadalquivir valley was one of the foci of settlement activities in prehistoric times. The Baetic impression and thus the region of Andalusia is in the north separated from central and the middle western parts of the Iberian peninsula through the Sierra Morena, which was, although not impermeable, a natural and cultural boundary. The mountain ranges did, however, not only function as a natural limitation, they are also the origin of non-ferrous and precious metals which were highly valued locally and in the entire Mediterranean.[45)]

The Late Bronze Age in Andalusia

The Bronze Age is a crucial period for the Mediterranean. The eponymous alloy bronze is composed of copper (Cu) and in the majority of cases of tin (Sn). Both elements are, however, rarely found in the same location. Thus, the production of bronze presupposes a feature that is considered to be of high relevance for explaining the Mediterranean: connectedness. Bronze production requires the establishment of trade connections and the engagement

from Tavira, Portugal." *TMA - Tijdschrift voor Mediterrane Archeologie* 47, 2012, p. 8.

45) Angela Celauro, Nick Schiavon, Antonio Brunetti, Lorenza-Ilia Manfredi, Fiammetta Susanna et al., "Combining chemical data with GIS and PCA to investigate Phoenician-Punic Cu-metallurgy." *Appl. Phys. A*, 2014, DOI: 10.1007/s00339-013-8179-0.

in exchange networks. Inter-regional connections already existed before the Bronze Age but this epoch increased the intensity of contacts leading to the occurrence of a dense network of relations and dependencies in the eastern Mediterranean that reached far beyond mere metal trading in the last stage of the Bronze Age.[46)]

The Late Bronze Age in Andalusia is a rather enigmatic period. This is because there are not so many sources available in order to understand the situation of the local communities before the arrival of the Phoenicians. This does, however, not mean that Bronze Age remains do not exist. The lack of sources is due to a different focus of former research and the hindered accessibility of the Late Bronze Age layers in river valleys or on locations with an abundance of later occupation layers. One group of artefacts of the Late Bronze and partly Early Iron Age (c. 1300-750 BCE) that has been well-documented are the so-called warrior stelae, which are a group of rock monuments distributed in the western and southwestern part of the Iberian Peninsula. The stelae are essentially stone slabs of different size (between 0.50 and 1.60 m in height)[47)] and shape (fig. 1) with carved and pecked depictions. The stelae were usually produced of the local rocks and all sides show traces of careful preparations. The

---

46) Eric H. Cline, *1177 B.C.: The Year Civilization Collapsed*, Princeton: Princeton University Press, 2014.

47) Marta Díaz-Guardamino and David Wheatley, "Rock Art and Digital Technologies: the Application of Reflectance Transformation Imaging (RTI) and 3d Laser Scanning to the Study of Late Bronze Age Iberian Stelae." MENGA 4, 2013, pp. 187-203.

depictions occur, however, only on one side of the slab. Iberia has a long tradition of rock monuments including statue-menhirs starting from the Early Bronze Age in the northwestern part of the peninsula.[48] During the Late Bronze Age a distinct type of stelae emerged in the southwestern part of Iberia that shows always a trinity of objects consisting of a helmet, a round shield, and a sword (fig. 1A).[49] These stelae are mainly distributed north of Andalusia in the neighboring drainage basin of the Guadiana River, but a few examples are also known from the valley of the Guadalquivir, which is the dominant water body of Andalusia that flows into the Atlantic Ocean.

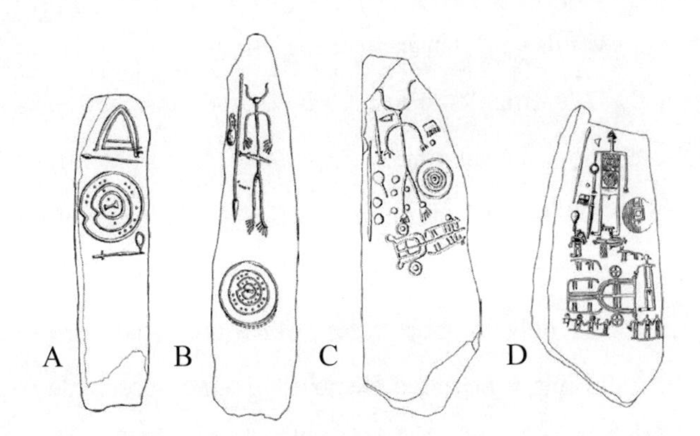

Fig. 1: Examples of different warrior-stelae (A - Santa Ana de Trujillo, Cáceres; B – Magacela, Badajoz; C – Fuente de Cantos, Badajoz; D – Ategua, Córdoba).

48) Marta Díaz-Guardamino, "Shaping Social Identities in Bronze Age and Early Iron Age Western Iberia: The Role of Funerary Practices, Stelae, and Statue-Menhirs." *European Journal of Archaeology* 17, April 2014, pp. 335-337.

49) Alfredo Mederos Martín, "El origen de las estelas decoradas del suroeste. De la Peninsula Iberica en el Bronce Final II (1325-1150 a.c.)" in Javier Jiménez Ávila Mérida (ed) *SIDEREUM ANA II. El río Guadiana en el Bronce Final*, Instituto de Arqueología, 2012, pp. 417-454.

By the end of the Bronze Age and the beginning of the Iron Age, the Guadalquivir River valley became besides the Guadiana one of the main locations for the occurence of stelae that are characterized by the depiction of anthropomorphic figures in stickman-style, partly made of curvilinear elements (fig. 1B-C). The anthropomorphic depictions display the body, arms, legs and a small dot as a head with horn-like extensions (fig. 1B-C). Furthermore, hands and feet are depicted with clearly distinguishable fingers and toes. It has been pointed out that there are stelae that show the anthropomorphic figure as the dominant element or, instead, a round shield that is a regular motif of the depictions (fig. 1B-D). Visual elements besides the anthropomorphic figure and the shield are swords and lances, combs, fibulae, mirrors and other, less easily identifiable objects. In some instances four-leged animals, chariots and at times more anthropomorphic figures were added (fig. 1D). Despite the in comparison to the earlier trinity-stelae increased repertoire of visual elements, most depictions appear to be emblematic and only in some cases, which are usually considered to be later, rudimentary narrative elements become observable (fig. 1D). Clear relations between the depicted objects are, thus, in most cases not given, except for the swords that can be directly borne by the main anthropomorphic figure (fig. 1B). Most of the depicted elements are rather simply represented and well identifiable. It is clear that the creation of the depictions did not require a high degree of artistic skills. Recently made analyses of the techniques used for creating the depictions showed a considerable variation between regions suggesting that the stelae and carvings were created by different individuals on a local level.[50)]

Currently more than 140 stelae have been registered in Iberia,[51)] but most of them come from secondary contexts. This is because the enigmatic stone monuments have caught the attention of people since Roman times and due to their manageable size, they have been relocated and reused in later periods. This is of course a huge problem for determining the function and meaning of the stelea in their Late Bronze/ Early Iron Age setting. The most frequently chosen approach to understand the stelae has been through their depictions,[52)] but also here the wide absence of narrative scenes and the mere juxtaposition of the depicted elements renders it difficult to narrow down the variety of possible interpretations. This is also applying to the chronological classification. Usually the depicted objects are used for dating the stelae, but this does not tell us how long the monuments were in their intended, primary usage. Closer examinations of some stelae

---

50) Díaz-Guardamino, Marta, García Sanjuán, L., Wheatley, D.W. et al. "Rethinking Iberian 'warrior' stelae: a multidisciplinary investigation of Mirasiviene and its connection to Setefilla (Lora del Río, Seville, Spain)." *Archaeol Anthropol Sci*, 2019. https://doi.org/10.1007/s12520-019-00909-1

51) Ibid.

52) Marta Díaz-Guardamino Uribe, "Iconical Signs, Indexical Relations: Bronze Age Stelae and Statue-Menhirs in the Iberian Peninsula." *Journal of Iberian Archaeology* 11, 2008, p. 33.

have revealed later alterations[53] and depending on the actual meaning of the depicted content, it might not be completely out of hand to assume that objects of an older chronological background were deliberately depicted on the stelae.

Recent examinations have emphasized to take the context of those stelae whose original location is known or roughly estimable more into account. Surveys of several stelae-locations have revealed a high density of activities at these places demonstrating that the monuments were not placed in remote areas which were rarely frequented by the members of the community.[54]

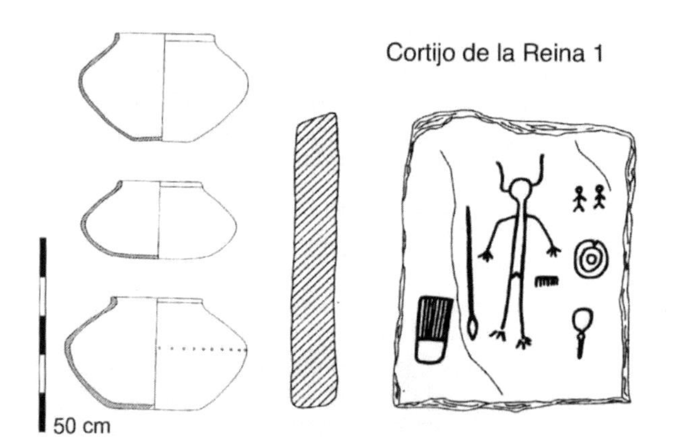

Fig. 2: Stela of Cortijo de la Reina and associated urn vessels.

53) Marta Díaz-Guardamino et al. "Rethinking Iberian 'warrior' stelae".

54) See e.g Marta Díaz-Guardamino et al. "Rethinking Iberian 'warrior' stelae".; Marta Díaz-Guardamino, García-Sanjuán, L., Wheatley, D., Lozano-Rodríguez, J., Rogerio-Candelera, M., & Casado-Ariza, M. "Late Prehistoric Stelae, Persistent Places and Connected Worlds: A Multi-disciplinary Review of the Evidence at Almargen (Lands of Antequera, Spain)." *Cambridge Archaeological Journal*, 2019, pp. 1-28. doi:10.1017/S0959774319000490

Regarding the function of the stelae three major directions can be distinguished among the multitude of suggestions that have been made over the more than one century long research history. The first one is to connect the stelae with the mortuary sphere. The monuments have been frequently interpreted as grave markers or markers of a burial ground.[55] The way the anthropomorphic figure is depicted on most stelae (fig. 1B-D) in combination with the objects that are arranged around it, seem to resemble the placement of a deceased in his burial surrounded by personal adornment, weaponry and further grave goods. The mortuary theory is supported by the fact that in the few cases the actual context of the stelae's finding location is described, bones and ashes are mentioned.[56] In case of a stela from Cortijo de la Reina, near the city of Córdoba (fig. 2), urn vessels with ashes were directly associated with the monument.[57] If the notion of a mortuary function is correct, there is still the question whether certain individuals of the community were depicted or if the content of the stelae is addressing an idealized representation or a symbolic metaphor that stands for a group of deceased, for instance the

---

55) Marta Díaz-Guardamino Uribe, "Iconical Signs, Indexical Relations: Bronze Age Stelae and Statue-Menhirs in the Iberian Peninsula", p. 38. Leonardo García Sanjuán, "The Warrior Stelae of the Iberian South-west: Symbols of Power in Ancestral Landscapes." in Tom Moore and Xosê-Lois Armada (eds), ***Atlantic Europe in the First Millennium BC: Crossing the Divide,*** Oxford: Oxford University Press, 2012, pp. 538-539.

56) Marta Díaz-Guardamino, "Shaping Social Identities in Bronze Age and Early Iron Age Western Iberia", p. 337.

57) Ibid.

ancestors of the community.[58] The aspect of idealization is enforced by the depicted objects which can be recognized as status markers of the Late Bronze Age communities on a regional and even inter-regional level.

Another direction in the interpretation of the stelae has been to emphasize a possible function as markers in the landscape. More recent examinations have revealed connections between the location of the stelae and roads or passage areas that might have been used by the Bronze and Iron Age communities.[59] It seems that stelae were frequently placed on hills and that they were linked to the course of a river.[60] Furthermore, some stelae were placed in direct connection to older rock monuments dating back to Neolithic times.[61] This corresponds to the at times observable praxis to use older stelae and statue-menhirs for producing the Late Bronze and Early Iron Age warrior stelae.[62]

A possible sacred function of the stelae is somehow implicitly included in those considerations that locate the main function of the monuments in the mortuary realm, but more explicit in this

---

58) Ibid. pp. 342-343.

59) Pérez, Sebastián Celestino, Victorino Mayoral Herrera, José Ángel Salgado Carmona, and Rebeca Cazorla Martín. "Stelae Iconography and Landscape in South-west Iberia." in Tom Moore and Xosê-Lois Armada (eds), ***Atlantic Europe in the First Millennium BC: Crossing the Divide***, Oxford: Oxford University Press, 2012, p. 144.

60) Marta Díaz-Guardamino Uribe, "Iconical Signs, Indexical Relations: Bronze Age Stelae and Statue-Menhirs in the Iberian Peninsula", p. 38.

61) Leonardo García Sanjuán, "The Warrior Stelae of the Iberian South-west: Symbols of Power in Ancestral Landscapes", pp. 537-538.

62) Ibid.

regard has been a recent comparison of the warrior stelae with stone monuments from the Levant.[63] The link between Iberia and the Levant are the Phoenician settlers, who started to found permanent settlements along the Andalusian coast in the ninth century BCE. The changes of the visual elements on the stelae during the Early Iron Age are convincingly traced back to the Phoenician influence on the region along the water body of the Guadalquivir. The Levantine stelae might show a representation of the god Baal[64] and if the suggested connection to the horned anthropomorphic depictions on the Iberian stelae is correct, a religious meaning that reaches far beyond the usually assumed commemorative function of the stelae, or more precisely of their depictions, might be plausible.

The diverging interpretations of the stelae aside, there cannot be any doubt that the depictions have to be understood as symbolic representations of a wider, over-regional ideal that reached far beyond the mere display of elite items. They were, thus, mnemonic signs for the cultural memory that connected the daily life of people with legendary or mythic events in the past and reinforced, thus, the identity of the group. A mythic or religious context for the stelae is probably at the moment the best explanation, although this does not exclude any other of the

63) Pérez, Sebastián Celestino, and Carolina López-Ruiz. "New light on the warrior stelae from Tartessos (Spain)." *Antiquity* 80, 2006, pp. 89-101.

64) Ibid. p. 99.

mentioned functions. It just provides the canvas on which other social discourses took place.

Transition to the Early Iron Age and the 'Orientalizing Period'

The transition from the Bronze Age to the Iron Age is in all regions of Europe and the Mediterranean a period that is of high interest for academic investigations This is of course only on a superficial level related to the shift from bronze to iron as a favored material for producing weapons and tools. In Andalusia this crucial time is congruent with the arrival of the Phoenician settlers, the establishment of their colonies and the Orientalizing horizon that might have had some influence on the development of a complex social stratification within the local Andalusian communities.

After an initial phase, which has been labeled as pre-coloniza tion, Phoenicians from the powerful Levantine city of Tyre started to establish permanent settlements in Andalusia with Gadir, today's Cádiz, at the Atlantic coast as their first foundation. The historically conveyed foundation date around 1100 BCE is certainly too early, the oldest Phoenician finds do not date back later than the ninth century BCE.[65] It is quite important for any further considerations

65) Ana Mª Niveau-de-Villedary y Mariñas, "Gadir revisited. A proposal for reconstruction of the archaic Phoenician foundation" *Vicino Oriente* 22, 2018, p. 93.

that the term Phoenicians was apparently not a self-designation. The people referred to as Phoenicians were living in city-states along the Levantine coast. In reference to the Greek example it is expectable that the city-states were competing with each other and in case it appeared to be opportune, common cultural traits were emphasized. A constantly present shared identity, as it is implied by using the term Phoenicians for the people from all the city-states, is, however, not attested and also not very likely.

According to the written sources and based on general considerations, it seems that the Phoenician interest in Iberia was economically driven. Particularly the rich metal resources such as silver, copper and tin may have been of enormous interest for the Phoenician settlers.[66] It has been assumed that subsequently also other products of the land were traded by the local communities with the Phoenicians and that even the trade with slaves was an important economic factor. Other than in case of the ancient Greek colonization, the colonial character of the Phoenician settlements is usually not disputed. Although the power-imbalance between the two protagonists was not that steep as in more recent historical cases, the Phoenician interest lay upon the exploitation of the country's resources. The Phoenicians did not control the land by themselves but they might have interfered in local

66) Martín Hernández, Carlos, "Phoenician Trade of Raw Materials and Changes in Metal Production Patterns in SW Iberia during the Orientalizing Period" *Metalla* 20.2, 2013, pp. 5-57.

political matters to ensure the supply with raw materials.[67)]

The Orientalizing period in Iberia started around 800 BCE and lasted until 600 BCE. During that time objects of an eastern Mediterranean origin including pottery, bronze objects such as personal adornment and vessels, as well as ivories, became increasingly visible in the archaeological context of local settlements and burials.[68)] Additionally, objects of a hybrid cultural origin and imitations of imported goods start to appear in the archaeological record. Furthermore, the transformation of local settlements to urban centers has been considered as triggered by the Phoenician presence.[69)]

Besides the changes in the artefact assemblages, other innovations and developments have been attributed to eastern Mediterranean influences as well. The use of the potter's wheel, the occurrence of iron metallurgy and other metal working techniques and the introduction of new building methods have been commonly ascribed to the Phoenician presence.[70)]

Based on historical sources from Greek and Roman writers, a legendary harbor city named Tartessos was located beyond the Pillars of Heracles.[71)] Historians and archaeologists have assumed

---

67) Marín-Aguilera, Beatriz, "Borderlands in the Making: Deterritorialisation in South Iberia (9th-6th centuries BC)." *Complutum* Vol. 26 (1), 2015, p. 190.

68) González Wagner, Carlos, "Tartessos and the Orientalizing Elites" in María Cruz Berrocal, Leonardo García Sanjuán, and Antonio Gilman (eds.), *The Prehistory of Iberia. Debating Early Social Stratification and the State,* New York and London: Routledge, 2013, p. 340.

69) María Eugenia Aubet Semmler, "Some Questions Regarding the Tartessian Orientalizing Period" in Marilyn R. Bierling and Seymour Gitin (eds), *The Phoenicians in Spain. An Archaeological Review of the Eighth-Sixth Centuries B.C.E.*, Eisenbrauns: Winona Lake, 2002, p. 224.

70) Ibid.

that the city or more likely a kingdom of that name was located between the Guadalquivir and the Guadiana River, the latter is flowing north of the autonomous region Andalusia. The beginnings of Tartessian culture are not very well understood because of the mentioned issues with Late Bronze Age find contexts. The main sources are quite exceptional groups of archaeological finds such as golden treasures, bronze hoards and the above mentioned warrior stelae[72] that provide some insights into pre-colonial Tartessian culture but are inevitably limited in their explanatory power. The treasures and hoards, for instance, seem to confirm the historical reports that Tartessos was rich of silver and other metals. However, it remains disputable, if Tartessos really existed and what kind of place it actually was. The local population was divided in several smaller communities which were probably not part of a larger political unit. This is at least the tendency of the archaeological record for both the Bronze and the Iron Age.

There are several aspects of the Orientalizing period that remain open to discussions. Even though there has been some significant improvement on the research of the Phoenician people in Andalusia and the Iberian Peninsula, several aspects remain unclear. A general problem in this regard, as in other 'colonial'

---

71) Celestino, Sebastián and Carolina López-Ruiz, *Tartessos and the Phoenicians in Iberia*, Oxford: Oxford University Press, 2016.

72) Ibid. 160.

cases and settings, is the identity construction of the colonists[73] and the locals. Two elements that have a huge impact on our understanding of the past situation may be exemplarily mentioned here. The first one is the fact that there are no indicators that there were people who identified themselves as Phoenicians. The term is just an outside definition to label people from different coastal cities in the Levant with a common language, religion and cultural background.[74] It seems that these people mainly identified with their particular city and their family or lineage. As mentioned above, rivalries and alliances between the Phoenician cities might have existed. This has of course repercussions on the interpretation of the colonies in Andalusia and other parts of the Iberian Peninsula. Usually the distribution of Phoenician cities along the Andalusian coast has been analyzed as if they were founded by one and the same mother city and as if all the colonies were cooperating amicably with each other.

Another issue related to the identity of the people is connected with the recognition of Phoenican and local settlements. The underlying method for a long time has been to label all settlements with Phoenician finds along the coast as Phoenician whilst settlements in the hinterland were defined as 'local', irrespective of

---

73) The usage of the terms 'colonial', 'colony 'etc. is not meant to imply that the founding of new settlements by the Phoenicians in Andalusia or anywhere else is comparable with the colonialism of early modern times.

74) Crawley Quinn, Josephine, ***In Search of the Phoenicians***, Princeton and Oxford: Princeton University Press, 2018, p. xxiv.

the fact whether the artefact assemblage of the site contained finds of Phoenician origin.[75] Understandably, this method has been the subject of criticism and this even more after reconstructions of the prehistoric coastline have revealed that a number of sites that are located in the hinterland in present times were actually coastal settlements three-thousand years ago. Since the simple classifi cation of artefacts is not reliable at all, other methods have to be explored. Besides the question how many elements of Phoenician origin must occur in a settlement in order to classify it as Phoenician, the dichotomic distinction in local and Phoenician also reveals a very static understanding of the dynamics and identity constructions in a colonial setting. This distinction might be only possible at the very beginning of a settlement, even though also in this case a mixed population is not beyond any possibility. The longer a place existed the higher is the chance that its population did not merely consist of people from the Levant or the local communities. Indeed, traces of the local culture in shape of kitchen ware is common in Phoenician sites and houses with rectangular floor plans, which stand in stark contrast to the local Bronze Age round huts,[76] or artefacts of Phoenician provenience become increasingly common over the course of time in local sites.[77]

75) Ibid.

76) Ibid. p. 342.

77) Quesada, Fernando, "From quality to quantity: wealth, status and prestige in the Iberian Iron Age" in *The Archaeology of Value*, ed. Douglass W. Bailey, BAR IS 730, Oxford: British Archaeological Reports, 1998, pp. 73-82.

Although there are a number of explanations how this might have happened, in none of them the presence of people of Phoenician or local origin can be excluded.

It has been stated that the Phoenician settlers chose the location of their settlements in order to control the access to the land and to gain the best position for trade activities with the local communities.[78] Depending on the point in time the colonization actually started, it has to be specified who else was competing with the Phoenician traders, so that they had to secure the control over this areas. It is quite unlikely that the local people were engaged in larger seafaring activities at that time. Greek sailors started their exploration within the 8th century BC but their first colonies were founded in Italy (Cumae) and especially Sicily. If there was any need to secure the access to Andalusia from the seaside, it can only apply to other seafaring Phoenicians. This seems to be a question that is rarely addressed, probably because of the scarcity of the historical sources.

It has been recognized for a while that the location of the Phoenician settlements follows a similar pattern as in the Levant. They are located on islands next to the mainland or on promontories which provided a maximum of protection from the landside. The

78) Aubet Semmler, María Eugenia, "Notes on the Economy of the Phoenician Settlements in Southern Spain" in Marilyn R. Bierling and Seymour Gitin (eds), ***The Phoenicians in Spain. An Archaeological Review of the Eighth-Sixth Centuries B.C.E.***, Eisenbrauns: Winona Lake, 2002, p. 81.

location of the Phoenician settlements – at least of the first foundations – could be also understood as reminiscence to the mother cities or as a behavioral pattern. Furthermore, it may have been a clear signal to the local people that the new settlers were more faced towards the sea and thus did not raise any claims to own the land. It has to be considered that although the local population was seemingly not organized in bigger groups, it is likely that the Phoenicians were not able to establish a new settlement without the agreement of the local communities.

The Phoenician impact on the local population in Andalusia and other parts of the Iberian Peninsula was probably more fundamental than generally assumed. The above mentioned cultural achievements are, perhaps, just symptoms of a much deeper process that was spurred by the arrival of the Levantine settlers at the Andalusian coast. It may be argued that the appearance of the new settlers and their, for local standards, 'exotic' material culture set a process in motion that facilitated the social divide in the local communities. The obvious mechanism is that those people who controlled the natural resources or the access to them, benefited from the Phoenician interest which might have led to the accumulation of material wealth. Nevertheless, a further reason for changes and the adoption of new cultural elements was certainly the universal phenomenon of elite distinction. Elite distinction can manifest itself in many different ways such as conspicuous consumption, the display of luxurious goods, the adoption of diverging manners, the practice of a different religion etc.[79] In this sense the acquisition of exotic and foreign items can even function as a trigger to initialize or accelerate the social stratification. This is because foreign objects were in many cultures not only precious and special due to their rareness. The foreign aspect itself contributed to the accumulation of prestige of its owner. Among communities with limited knowledge of the physical world, the spiritual and supernatural is often located in this world beyond the boundaries of the community's perception.[80] People who come from this foreign lands or travel there and even the objects that seemingly come from these realms, carry the aura of the unknown and supernatural. In ancient myths the rulers were often of foreign origin or became powerful after traveling beyond the borders of their community's known world.[81] The possession of foreign goods was the material proof of contact with the world beyond. The people who owned these goods had seemingly access to a realm that was for most members of the community inaccessible. In any case, the prestige that individuals or smaller groups in a community gathered through these contacts may have been of significance to highlight and even authorize their elevated position in society. Thus the very existence of these objects within a community might be

---

79) Jean-Pascal Daloz, *The Sociology of Elite Distinction. From Theoretical to Comparative Perspectives*, Basingstoke: Palgrave Macmillan, 2009.

80) Helms, Mary W., *Ulysses' Sail. An Ethnographic Odyssey of Power, Knowledge, and Geographical Distance*, Princeton: Princeton University Press, 1988, pp. 261-262.

81) Ibid. p. 82.

already an impetus for a growing social differentiation.

If the flow of foreign goods gets stronger and more stable due to established and steady contacts with foreign communities, the rareness and thus the cost to retrieve these objects is inevitably decreasing. The emulation of elite lifestyle is a similarly common phenomenon as elite distinction. This is not only a habit that exists between elites but also within a community. As soon as the access to, for instance, the prestigious objects cannot be controlled anymore, lower ranks will imitate or strive to retrieve the same or similar objects in order to display their affiliation to an exclusive group within society. This might be an explanation for the obvious increase of foreign goods in the local sites of Andalusia, although throughout the Orientalizing period imports remain largely a matter of the elite.[82)]

The distribution of known local settlements shows several nuclei which might be partly reflections of the state of research but could be also representations of the past reality. Core areas of settlements can be observed around the city of Málaga, along the lower Guadalquivir in the surrounding of Seville, around the cities of Cádiz and Huelva.

In order to understand the direction and even origin of cultural influences in a complex setting such as Andalusia in the Orientalizing

---

82) Quesada, Fernando, "From quality to quantity: wealth, status and prestige in the Iberian Iron Age", pp. 73-82.

period, it seems to be necessary to take a step back and to evaluate the available information from a more quantitative perspective This is because a qualitative approach that deals with single features and their finds will, at the current state of research, produce in all likelihood scattered and more or less unrelated results. An overview on the spatial distribution of general cultural tendencies might be a helpful reference for identifying cultural outliers in settlements and burial grounds.

Despite valuable information from settlements, a study on the different cultural currents and affiliations in Andalusia during the Orientalizing period has to focus on the burial data. As in many other regions of the world, burials have attracted the attention of scholars for a longer time and larger settlement excavations are due to their cost or spatial restrictions often not as extended as necessary for conducting further analyses. This is extremely regrettable, since in contrast to a common perception burials are not necessarily the best sources for ascertaining the identity or cultural affiliation of the members of a community. The reason is essentially that funerals take place in the public sphere in which people tend to adjust to the prevalent expectations and customs of the community they live in.[83)]A smaller group of foreigners - either Phoenicians in a local site or locals in a Phoenician site - would, thus, not be visible in the

83) Stefan Burmeister, “Archaeology and Migration. Approaches to an Archaeological Proof of Migration.” *Current Anthropology 41*, 2000, p. 542.

mortuary context. On the contrary, the domestic context is usually affiliated to the private sphere in which older traditions are more persistent and, thus, easier to recognize.[84] The examination of burials for ascertaining cultural affiliations is additionally problematic in a colonial setting, since the occurrence of new or hybrid modes of funerals are highly expectable, which renders it utterly difficult to recognize particular cultural or ethnic groups within the grave context. To make matters worse, in the case of Andalusia a number of known burial grounds were excavated in times as the standards for archaeological examinations were not on a comparable level as today and often the excavation results were never published in a sufficient way. Unquestionably, the conditions for gaining a general overview of the cultural influences in Andalusia are not ideal, but as will be demonstrated below, it is possible to get some interesting results.

Before the analysis is explained and its results discussed, it appears to be necessary to provide a short overview of the burial customs in the Orientalizing period. Generally, a huge variety in the treatment of the body, in grave constructions, and the equipment of the burials is ascertainable which may be an indicator for the diversity of the communities in Andalusia. A recent and comprehensive description of the developments in southwestern Iberia has been given by Beatriz Marín-Aguilera.[85] For the time between the end of

84) Ibid.

85) Beatriz Marín-Aguilera, "Borderlands in the Making: Deterritorialisation in South Iberia (9th-6th centuries BC)." *Complutum* Vol. 26 (1) (2015), pp. 189-203.

the ninth and the end of the eighth century BC only cremation has been attested and in some instances foreign objects such as Phoenician plates and perfume vessels occur in the burials.[86)] The number of known graves appears to be rather small so that a selection of individuals that were qualified for getting a proper burial has been discussed.[87)] From the end of the eighth to the sixth century BCE the amount of foreign goods is notably increasing. Cremation and inhumation burials have been documented. A basic division based on the wealth of the cemeteries of that time distinguishes between so-called 'aristocratic' and 'plain' cemeteries.[88)] The former are characterized by special burial structures and the equipment with outstanding grave goods that are of local and Phoenician origin. The plain cemeteries, however, have simpler grave structures which contain handmade pottery vessels, although finds of Phoenician origin also occur in these burials.[89)] As mentioned above, it is extremely difficult, based on the occurrence of foreign goods in local or Phoenician sites to indentify burials that may represent the presence of one or the other group at a location.

A singular attempt to overcome the restrictions that are posed by the nature and quality of the available information has been

---

86) Ibid.

87) Ibid.

88) See also Quesada, Fernando, "From quality to quantity: wealth, status and prestige in the Iberian Iron Age", pp. 73-82.

89) Beatriz Marín-Aguilera, "Borderlands in the Making: Deterritorialisation in South Iberia (9th-6th centuries BC)", pp. 189-203.

carried out in 1991 by a group of scholars with help of a multivariate statistical method.[90] The aim of the analysis was to distinguish Phoenician from Tartessian burial sites. The team gathered data from forty cemeteries in Andalusia and defined twenty-six variables.[91] The variables are, as pointed out by the authors, quite heterogeneous which was amongst others due to the inconsistencies of the available information.[92] The variables define functional types but also contain artefacts that refer to the cultural context in which they were produced. The procedure chosen by the authors for grouping the burial grounds on basis of their variables was the multivariate statistical method known as cluster analysis. This resulted in the division of three main groups of burial grounds, which were further divided in subgroups. The output of the analysis was interpreted as a proof for two different burial traditions representing Phoenicians and locals. The main feature of the former is an exclusive Eastern Mediterranean origin of the artefacts in the graves and the latter is particularly characterized, by the burial under a tumulus.[93] Although this conclusion sounds coherent and is in line with previously stated opinions, it seems to be too simplified to reflect the past reality.

---

90) Jose Manuel Martin, Juan Antonio Martin, Jose Antonio Esquivel, Juan Ramon Garcia, "Una Aplicacion del Analisis Cluster A Las Necropolis Tartesicas y Fenicias: Contraste y Asociacion." *BIBLID* 16-17, 1991-92, pp. 303-324.

91) Ibid. p. 307.

92) Ibid. p. 306.

93) Ibid. p. 320.

Instead of cluster analysis, which forces the data into groups whose coherence is difficult to ascertain, another method that is well-suited for the processing of datasets with larger numbers of variables is the correspondence analysis. Correspondence analysis is being frequently used in different academic fields from biology to sociology in order to understand the relation of a multitude of variables. It offers a visual representation of the results in shape of a scatter plot that allows for a relatively easy recognition of the relation between objects and variables. Correspondence analysis uses an algorithm that places – in our case – burial grounds with identical or similar variables together. The scatter plot is a two-dimensional display of an actually multi-dimensional space. As a rule of thumb it can be stated that those burial grounds which share more variables in common are projected closer to each other.

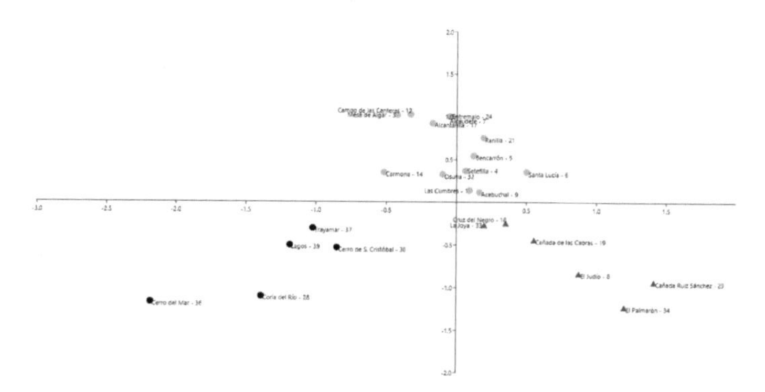

Fig. 3: Scatter plot of the first two axes of the correspondence analysis of Early Iron Age burial grounds in Andalusia, plotted are the locations.

The scatter plot shows a division of the burial grounds in three groups (fig. 3). The burial grounds of the first group are concentrated around the area of Málaga, along the Mediterranean coast, the cemeteries of the second group show a high concentration along the lower Guadalquivir with two sites spreading into the southwestern part of Andalusia (fig. 4). The third group is also represented in the concentration of sites along the lower Guadalquivir but with a tendency to the northwestern part of Andalusia around the important settlement of Huelva at the estuary of the rivers Odiel and Río Tinto.

Fig. 4: Spatial distribution of the groups of burial grounds from the correspondence analysis in Andalusia (symbols represent the same groups as the scatter plot in fig. 3; dark dots = group 1; orange dots = group 2; red triangles = group 3).

The analysis demonstrates that there are at least three different cultural currents represented in the burial grounds of Andalusia in the Orientalizing period. Furthermore, the results of the analysis may provide a number of starting points for future investigations. It is clear that the suggested division is a simplification of a rather complex situation in which also the different local communities have to be taken into account. Even though it seems to be possible to distinguish between Phoenician and local burial grounds, it becomes clear that this dichotomic division is not sufficient to explain the cultural diversity in Andalusia. Phoenicians and locals were composed of individual subgroups that all contributed to the cultural canvas of Andalusia in the Orientalizing period.

References

Aubet Semmler, María Eugenia. 2002. “Some Questions Regarding the Tartessian Orientalizing Period” in Marilyn R. Bierling and Seymour Gitin (ed.), *The Phoenicians in Spain. An Archaeological Review of the Eighth-Sixth Centuries B.C.E.* Eisenbrauns: Winona Lake, pp. 199-224.

Aubet Semmler, María Eugenia. 2002. “Notes on the Economy of the Phoenician Settlements in Southern Spain” in Marilyn R. Bierling and Seymour Gitin (eds), *The Phoenicians in Spain. An Archaeological Review of the Eighth-Sixth Centuries B.C.E.* Eisenbrauns: Winona Lake, pp. 199-224.

Berrocal-Rangel, Luis. 2012. “Las Estelas Diademadas, Represen taciones De Jefaturas Femeninas En El Bronce Final.” in Lourdes Prados Torreira (ed), *La Arqueología funeraria desde una perspectiva de género.* Madrid: Publicaciones de la Universidad Autónoma de Madrid, pp. 157-178.

Burmeister, Stefan. 2000. “Archaeology and Migration. Approaches to an Archaeological Proof of Migration.” *Current Anthropology 41*, pp. 539-567.

Celestino, Sebastián and Carolina López-Ruiz. 2016. *Tartessos and the Phoenicians in Iberia*. Oxford: Oxford University Press.

Crawley Quinn, Josephine. 2018. *In Search of the Phoenicians*. Princeton and Oxford: Princeton University Press.

Daloz, Jean-Pascal. 2009. *The Sociology of Elite Distinction. From Theoretical to Comparative Perspectives*. Basingstoke: Palgrave Macmillan.

Díaz-Guardamino, Marta and David Wheatley. 2013. "Rock Art and Digital Technologies: the Application of Reflectance Transfor mation Imaging (RTI) and 3d Laser Scanning to the Study of Late Bronze Age Iberian Stelae." *MENGA* 4, pp. 187-203.

Díaz-Guardamino, Marta, García Sanjuán, L., Wheatley, D.W. et al. 2019. "Rethinking Iberian 'warrior' stelae: a multidisciplinary investigation of Mirasiviene and its connection to Setefilla (Lora del Río, Seville, Spain)." *Archaeol Anthropol Sci*. https://doi.org/10.1007/s12520-019-00909-1

Díaz-Guardamino, Marta, García-Sanjuán, L., Wheatley, D., Lozano-Rodríguez, J., Rogerio-Candelera, M., & Casado-Ariza, M. 2019. "Late Prehistoric Stelae, Persistent Places and Connected

Worlds: A Multi-disciplinary Review of the Evidence at Almargen (Lands of Antequera, Spain).” *Cambridge Archaeological Journal*, pp. 1-28. doi:10.1017/S0959774319000490

Díaz-Guardamino Uribe, Marta. 2008. “Iconical Signs, Indexical Relations: Bronze Age Stelae and Statue-Menhirs in the Iberian Peninsula.” *Journal of Iberian Archaeology* 11, pp. 31-45.

Díaz-Guardamino, Marta. 2014. “Shaping Social Identities in Bronze Age and Early Iron Age Western Iberia: The Role of Funerary Practices, Stelae, and Statue-Menhirs.” *European Journal of Archaeology* 17, pp. 329-349.

Harding, Anthony. 1999. “Warfare: A Defining Characteristic of Bronze Age Europe?” in John Carman and A. F. Harding (eds), *Ancient Warfare: Archaeological Perspectives*. Sutton: University of Michigan, pp. 157-173.

Helms, Mary W. 1988. *Ulysses' Sail. An Ethnographic Odyssey of Power, Knowledge, and Geographical Distance*. Princeton: Princeton University Press.

Hernández, Carlos Martín. 2013. “Phoenician Trade of Raw Materials and Changes in Metal Production Patterns in SW Iberia during the Orientalizing Period” *Metalla* 20.2, pp. 5-57.

Marín-Aguilera, Beatriz. 2015. "Borderlands in the Making: Deterritorialisation in South Iberia (9th-6th centuries BC)." *Complutum* Vol. 26 (1), pp. 189-203.

Martin, Jose Manuel, Juan Antonio Martin, Jose Antonio Esquivel, Juan Ramon Garcia. 1991-92. "Una Aplicacion del Analisis Cluster A Las Necropolis Tartesicas y Fenicias: Contraste y Asociacion." *BIBLID* 16-17, pp. 303-324.

Mª Niveau-de-Villedary y Mariñas, Ana. 2018. "Gadir revisited. A proposal for reconstruction of the archaic Phoenician foundation" *Vicino Oriente* 22, pp. 91- 109.

Mederos Martín, Alfredo. 2012. "El origen de las estelas decoradas del suroeste. De la Peninsula Iberica en el Bronce Final II (1325-1150 a.c.)" in Javier Jiménez Ávila, *SIDEREUM ANA II. El río Guadiana en el Bronce Final*, Mérida: Instituto de Arqueología, pp. 417-454.

Molloy, Barry. 2009. "For Gods or men? A reappraisal of the function of European Bronze Age shields." *Antiquity* 83, pp. 1052-1064.

Ortiz, Mariano Torres. 1999. *Sociedad y Mundo Funerario en*

Tartessos. Madrid: Real Academia de la Historia.

Pappa, Eleftheria. 2012. "Retracting the divisions? Fresh perspectives on Phoenician settlement in Iberia from Tavira, Portugal." *TMA - Tijdschrift voor Mediterrane Archeologie* 47, pp. 7-13.

Pappa, Eleftheria. 2019. "Recent Discoveries in Iberia and the Application of Post-Colonial Concepts: The Modern Making of a State, *Tartessos*." *Athens Journal of History* 5, Issue 3, pp. 189-208.

Pearce, Mark. 2013. "The Spirit of the Sword and Spear." *Cambridge Archaeological Journal* 23:1, pp. 55–67.

Pérez, Sebastián Celestino, and Carolina López-Ruiz. 2006. "New light on the warrior stelae from Tartessos (Spain). *Antiquity* 80, pp. 89-101.

Pérez, Sebastián Celestino, Victorino Mayoral Herrera, José Pérez, Sebastián Celestino, Victorino Mayoral Herrera, José Ángel Salgado Carmona, and

Rebeca Cazorla Martín. "Stelae Iconography and Landscape in South-west Iberia." in Atlantic

Europe in the First Millennium BC: Crossing the Divide, ed. Tom Moore and Xosê-Lois Armada

(Oxford: Oxford University Press, 2012), pp. 135-152.

Quesada, Fernando. 1998. "From quality to quantity: wealth, status and prestige in the Iberian Iron Age in Douglass W. Bailey (ed), *The Archaeology of Value*. BAR IS 730, Oxford: British Archaeological Reports, pp. 70-96.

Tom Moore and Xosê-Lois Armada (eds), *Atlantic Europe in the First Millennium BC: Crossing the Divide.* Oxford: Oxford University Press, pp. 135-152.

Sanjuán, Leonardo García. 2005. "Las Piedras De La Memoria. La Permanencia Del Megalitismo En El Suroeste De La Península Ibérica Durante El Ii Y I Milenios Ane. *Trabajos de Prehistoria* 62, pp. 85-109.

Sanjuán, Leonardo García. 2012. "The Warrior Stelae of the Iberian South-west: Symbols of Power in Ancestral Landscapes. in Tom Moore and Xosê-Lois Armada (ed), *Atlantic Europe in the First Millennium BC: Crossing the Divide.* Oxford: Oxford University Press, pp. 534-557.

Treherne, Paul. 1995. "The Warrior's Beauty: The Masculine

Body and Self-Identity in Bronze-Age Europe. *Journal of European Archaeology*, Volume 3, Issue 1, pp. 105-144.

Wagner, Carlos González. 2013. "Tartessos and the Orientalizing Elites in María Cruz Berrocal, Leonardo García Sanjuán, and Antonio Gilman (eds), *The Prehistory of Iberia. Debating Early Social Stratification and the State*. New York and London: Routledge, pp. 337-356.

4부

무슬림시대 이베리아 반도의 소수종파_세파르디

(The Status of Religious Monorities in the Iberian Peninsula before and after the Muslim Rule: The Story of the Sephardim)

무슬림 시대 이베리아 반도의 소수종파_세파르디 (The Status of Religious Minorities in the Iberian Peninsula before and after the Muslim Rule: The Story of the Sephardim)

모나 파루크(Mona Farouk M. Ahmed)

1. Religious Minorities of the Iberian Peninsula

Studying the status of religious minorities can give a better understanding for the structure of communities and the policies adopted by the rulers. This also can clarify the religious and social life of communities and the change of the status of some religious minorities which can also give explanations for historical disputes.

In the case of Iberian Peninsula, we have the Jewish minority as a good example for religious minorities, in addition to Muslim minority that resulted from the Muslim conquest of the Iberian Peninsula in the 8th century, and also Christian minority that lived in the Muslim kingdoms during that period of Muslim rule. In this study, we will focus on the Jewish minority as an example for the status of religious minorities in the Iberian Peninsula through its different ages of history.

The Sephardim is the name for those Jews who lived as a religious and ethnic minority in the Iberian Peninsula and who faced a dramatical change in its status through the history of Iberian Peninsula ending with their expulsion to face their second diaspora after their first one which led them to the exile to Iberian Peninsula earlier. The history of Sephardim who are the descendants of that Jewish minority lived in Spain had a various stages that included periods of social prosperity and other periods of declining and persecution that was shown its peak on the expulsion of all Jews from the Iberian Peninsula in 1492. This history of persecution and expulsion was a reason for later attitude of Spanish government's recognition for the Sephardi Jews' right of return, which was clear in issuing laws facilitating their acquiring for Spanish nationality.

This study will try to shed the light on the history of Sephardim as an example of the religious minorities lived in the Iberian Peninsula before and after the Muslim rule, which can give us a good view for the change of the policies towards religious minorities through the different eras of the history of the Iberian Peninsula.

2. The concept of Sephardim:

Sephardim is the name used to distinguish the descendants of Jews who lived in Spain, as “Sephard refers to “Spain in the Hebrew language. Thus, Sephardi is the singular form meaning a Jewish descendant of Jews who lived in the Iberian Peninsula prior to their final expulsion of 1492, and the word “Sephardim is simply the plural form for “Sephardi[94]. The Spanish law gives some privileges for Sephardim, as they were mentioned in the Spanish Civil code, which is the main law for Spanish nationality, as it gave an exception for the Sephardim in regard to their right of acquiring the Spanish nationality by only two years of residence instead of 10 years for others[95]. Moreover, the Sephardim were even exempted from this condition of the two years residence by later law issued in 2015, allowing them to acquire Spanish nationality without this condition of residence and without abandoning their other nationality as well[96].

If we trace the origin for the word “Sephard” through Jewish traditions, we will find that “Sepharad” was mentioned in the biblical book of Obadiah in the verse 20 as a name of an exile

94) See the definition of Sephardim in the Encyclopedia Britannica: https://www.britannica.com/topic/Sephardi

95) The Spanish Civil Code refer to this issue in its Book 1 (on persons), Title 1 (on Spaniards and foreigners), Article 22, p.1: https://wipolex.wipo.int/en/text/221319

96) Details about this law; the formal website of the Spanish Ministry of Justice: https://www.fcje.org/english/

for Jerusalemites[97]: "And the captivity of this host of the children of Israel shall possess that of the Canaanites, even unto Zarephath; and the captivity of Jerusalem, which is in Sepharad, shall possess the cities of the south." There were different opinions about the exact location of that exile called "Sepharad" mentioned in that verse. For example, the English translation of Obadiah stated that there is no consensus about the meaning for Sepharad, as some people think that it is Sardis in Asia[98], while other scholars suggested other locations for Sephard including Mesopotamia and Sparta in Greece[99]. However, gradually as time passed, the connections between the word of "Sepharad" and the place of "Spain" got stronger, and by the late Roman times, the Jews lived in Spain believed that Spain is that place called "Sepharad". This resulted in a special status for those Jews living in the Iberian Peninsula as their place of exile was mentioned in the holy book, which would be welcomed among them giving them more dignity.

Some scholars see that this adoption of the idea of the biblical origin for Sephardim would probably be a way of self-defense for

97) The book of Obadiah is a chapter of the Hebrew Old Testament consisted of 21 verses. The text of verse 20 of the Obadiah is: "And the exiles of this host of the Israelites will possess the land of the Canaanites as far as Zarephath; and the exiles from Jerusalem who are in Sepharad will possess the cities of the Negev.
https://biblehub.com/obadiah/1-21.htm

98) See the English translation of the bible: https://www.easyenglish.bible/bible-commentary/obad-lbw.html

99) For details on this issue: http://www.sephardicstudies.org/intro.html

them against anti-Semitic Christians to assure that they were in their exile of Spain when the Christ was crucified, and they did not participate in this. (Gerber 1994, 2) It's worth mentioning that anti-Semitism was strongly adopted by Christian monarchs of Spain after the Reconquista that ended the Muslim rule of Iberian Peninsula.

3. The status of Jewish minority in the Iberian Peninsula through history:

1) The beginning of Sephardim history:

Tracing the emergence of Jews in the Iberian Peninsula, if we accept the claims that the word "Sepharad" mentioned in Obadiah book means "Spain", the first arrival of Jews in Spain would be within the sixth century B.C., which is not certain due to other scholars' opinion suggesting other places to be "Sepharad". Many stories were told about the first arrival of Jews to Spain, which can be just legends, some indicate their first arrival with the Phoenician sailors in the time of the reign of King Solomon who reigned the Kingdom of Judah from 970 to 931 B.C., and the others indicate that it was during the Babylonian exile ordered by the Babylonian King Nebuchadrezzar who reigned from 605 to 562 B.C.[100] Many historians adopted the idea that the first Jewish settlers in Spain arrived on the Mediterranean coast of the Iberian Peninsula after the destruction of the Temple in Jerusalem in 70 C.E.. This can be proved through the trilingual funeral inscriptions found in Hebrew, Latin, and Greek dating from the period of Roman rule which includes a child's sarcophagus found in Tarragona[101]. Thus, by the time of the Roman rule in Iberian Peninsula, there was a settled Jewish community as archaeological records prove this fact through ruins of synagogues and a great number of Jewish funerary inscriptions written in Latin along with traditional Jewish symbols. (Gerber 1994, 3) On this context, there is a trilingual basin of the fifth century exhibited in the Sephardic Museum of Toledo. The trilingual inscription on that basin which was used in Jew's synagogue is in Hebrew, Latin and Greek[102].

We can say that there is no consensus about the beginning for the history of Sephardim, but the archeological remains prove the fact that they were already settled in the Iberian Peninsula by the time of Roman rule which included periods of persecution against Jews which can be seen clearly if we traced the laws issued against them trying to separate them from Christians and to prevent their cultural and religious influence.

---

100) Those stories were mentioned in the cultural guide for Jewish Europe: https://jguideeurope.org/en/region/spain/

101) This and other archeological remains are displayed at the Sephardic Museum in Toledo now. https://www.aejm.org/members/sephardic-museum-of-toledo/

102) For more information and pictures for this trilingual basin of synagogue, see: the website of Spanish Ministry of Culture and Sports, Sephardic Museum in Toledo. http://www.spainisculture.com/en/obras_de_excelencia/museo_sefardi/pileta_trilingue.htm

2) The Status of Sephardim before Muslim rule:

Sephardim faced times of persecution under Roman rule, which can be proved through the laws issued by the church as we can see in the canons of the Council of Elvira[103] through its decrees, which included warning for Christians not to share their meal with Jews and for farmers not to let Jews bless their fruits, besides other orders reflecting that policy of separating between Jews and Christians and preventing the close relations between them. Those anti-Semitic policies were more intensified in the fifth century after the conversion of the Roman Empire to Christianity which resulted in more formal persecution for Jews in the Iberian Peninsula. (Gerber 1994, 2-6)

The Visigoth rule (589-711) which followed the Roman rule of the Iberian Peninsula did not provide Jews with better conditions as persecution and anti-Semitism had continued. On this context, the Visigoth Kings of Spain had issued a series of laws prohibiting Jewish traditions like; the circumcision of the children, and the celebration of Jewish feasts. Besides other anti-Jewish legislation included laws depriving Jews of the right to testify against Christians in a court of justice. (Bachrach 1973, 15, 34)

The Visigoths monarchs in the beginning of their rule of the Iberian Peninsula were Christian Arians, and that resulted in their

103) Council of Elvira is the first known council of the Christian church in Spain. Its exact date is not scholarly confirmed, but apparently was held in the first decade of the 4th century. Elvira's location is near modern Granada. https://www.britannica.com/event/Council-of-Elvira

facing religious conflicts with the indigenous Iberian people who were Christian Catholics. The year 587 witnessed the end of those conflicts by the conversion of the Visigoth King to Catholicism and declaring it as the official religion of the Iberian Peninsula. (Mu'nis 1959, 14) The following years of the Visigoth rule carried more anti-Jewish legislation oppressing Jews and separating between them and other Christians of the peninsula. This attitude made Jews seek to get rid of the Visigoth rule, through entering alliance with other Jews of north Africa. This can be seen in the Jew's attempt to overthrow the Visigoth rule in 694, which failed resulting in the enslavement of those Jews who were involved in that plot. The continuous atmosphere of persecution against Jews can also be a good reason for their welcoming for the Muslim conquest of the Iberian Peninsula as stated in some historical sources, and their cooperation with Muslim conquerors. (N. Roth, The Jews and the Muslim Conquest of Spain 1976, 145, 146) Briefly, we can say that the discrimination against Jews was the dominant feature of the era under the rule of Christian monarchs before the Muslim conquest of the Iberian Peninsula.

3) The Status of Sephardim under Muslim rule:

The period of Muslim rule in the Iberian Peninsula (8th - 11th century) was called "the golden age" for Jews, describing their prospered status under the Muslim rule comparing with the long history Jews suffered persecution under Visigoth and Roman rule in the previous ages. The concept of "Convivencia" summarizes the status of Jews under Muslim rule, as the Convivencia refers to the peaceful coexistence between different cultures and religious groups. Thus, instead of the former attitude of separating between Jews and the Christians due to Anti-Semitism adopted by roman and Visigoth Monarchs prior to the Muslim conquest of the Iberian peninsula, Jews were welcomed to involve in all aspects of life under the Muslim rule, and were even closer to Muslim conquerors who appointed them in high official positions including the post of Vizier, which is the closest assistant for the ruler. Hasdai Ibn Shaprut (915-970) is one example for those Jews who were close to the ruling elite, as he was vizier and physician for the Muslim ruler Abdel Rahman. There are many other examples for Jewish intellectuals who enriched the intellectual Jewish life like; Samuel Ha-Nagid, Moses ibn Ezra, Solomon ibn Gabirol, Judah Halevi and Moses Maimonides[104]. The picture in Figure (1) is for the statue of Moses Maimonides who was one of the famous Sephardic intellectuals during the Muslim rule. He was Philosopher, physician, Torah scholar and Astronomer. His life also reflected the dark part of the Muslim rule under the Almohads dynasty which represented an exception for that golden

---

104) For more details on the life of Jews under Muslim rule of the Iberian Peninsula: http://www.jewishwikipedia.info/judaism2.html

age of Jews under Muslim rule in the Iberian Peninsula, as Maimonides left Spain during that era of persecution by that fanatic Muslim kingdom of Almohads, and he moved to live in Morocco and Egypt where he died[105].

Source:https://commons.wikimedia.org/wiki/File:A_statue_of_Maimonides.jpg

Figure (1): Statue of Maimonides in Cordoba

Comparing the status of Jews under Muslim rule in Spain with medieval Christian rule in other parts of Europe would prove that

105) See more information about Maimonides in : https://www.britannica.com/biography/Moses-Maimonides

concept of "Golden Age" showing the integration of Jews in all phases of life in the society under Muslim rule, since the status of "Dhimmi" (people of the books), which refers to the Non-Muslims under protection of Muslim law in times of Muslim conquest. The application for this concept included "Peoples of the Book" who are Jews and Christians, in addition to people of other faith like; Sabaeans, Zoroastrians and Hindus. According to this status, an annual tax (jizya) was paid by adult male dhimmis while elders, women and children were exempted. In return, they were protected and had freedom of religious practice.[106] The Jizya system was similar to the existing systems of taxation and tribute of previous empires like Roman and Persian empires on conquered lands. However, in Islam Jizya was also a compensation for the exemption from military service for Dhimmis as they were not obliged to join Muslims forces in wars. Thus, Dhimmis were exempted of paying Jizya whenever they served in Muslim army fighting against common enemy. (Arnold 1913, 61) Accordingly, Islamic law treated Jews -and Christians as well- guaranteeing them protection and free practice of their religion with no enforcement of conversion to Islam. Convivencia or peaceful coexistence was the dominant feature of that era of the Muslim rule of the Iberian Peninsula, which led to the economic and social prosperity for the Sephardim

106) For more details on the concept of Dhimmi, see: http://www.oxfordislamicstudies.com/article/opr/t125/e536

who were able to practice their religion freely and to preserve their traditions on contrary to the ages prior to the Muslim rule.

The valuable contributions of many Jewish intellectuals are evident for the prosperity of Jews life under the Muslim rule. We can see those contributions in various fields including science, medicine, philosophy, translations, and mathematics. The atmosphere of peaceful coexistence encouraged many North African Jews to join the Jewish community in the Iberian Peninsula through immigration during this era, which resulted in the increase of the number of Jews in Al-Andalus, making it likely to appear as the biggest center of Jews in the world by then. When we are speaking about the "Golden Age" of Jews under Muslim rule, we are describing the general attitude of this era, which included sometimes exceptions for this peaceful atmosphere. The rule of the two Muslim kingdoms of Almovarids and Almohads can give examples for those times of intolerance against Jews. However, the contributions of Jews continued in economic life in various fields including commerce, moneylending and tax collecting. (Weiner n.d)

The number of Jews in the Iberian Peninsula by the end of Muslim rule is estimated to be about 100,000 Jews, almost half of them were in Granada. (Wasserstein 1995, 101) The decline of the number of Jews was due to massacres in the cities under the Catholic rule in the Iberian Peninsula that gradually ended the Muslim rule through the so-called the Reconquista wars. Muslim rule of Spain ended leaving a majority of Muslim population in Al-Andalus with minorities of both Jews and Christians. The following part will show the status of Jews after the end of the Muslim rule which also would give a good reason for describing the period of Muslim rule by calling it the golden age for Jews in the Iberian Peninsula.

4) The status of Sephardim after the Reconquista

The Reconquista is the concept used to refer to the wars of Christian forces to retake the Iberian Peninsula from the Muslims. The Reconquista wars started from 718 till 1492 which witnessed the end of the Muslim rule through the defeat of Muslim forces in the battle of Granada. As a result of the Reconquista, a new rule of Catholic Monarchs began in the Iberian Peninsula.

In the new era of Catholic Monarchs after the Reconquista, the status of Jews faced a serious challenge as they had to repeat their suffering through former history of Christian Monarchs who adopted Anti-Semitism. At the beginning, Jews could continue to contribute to economic life and to maintain their social status of the middle class despite the new policy of enforced conversions to Christianity. (Melammed 2010, 155) But no sooner, Jews had started to face a new era of persecution which was almost the worst in their history in the Iberian peninsula. In 1378, hatred campaign was initiated by a churchman of Seville called Ferrand

Martinez. He called for separating Jews from Christians same as the old canons of the roman era did, in addition to his calling for the dismissal of Jews from all the influential positions and the destruction of their synagogues. Accordingly, the year 1392 witnessed a massacre for Jews resulting in the death of many Jews and all the synagogues of Seville were converted into churches. Fearing of death, many Jews also were forced to convert to Catholicism. Seville was not the only city adopting this attitude against Jews, as other cities soon followed Seville starting with Toledo then other cities including Madrid. Thus, the general scene in the Iberian Peninsula by that time showed attacking for many Jews resulting either their death or their conversion to Catholicism. (Bloomberg 2000, 154-155)

The number of the Jews of Spain in the next year of those massacres showed the death of almost 100 thousand Jews and the conversion of other thousands of Jews to Catholicism, who were called "conversos". Those conversions mostly were enforced by the fear, but in some cases, there were voluntary conversions for Jews seeking self-interest and social privilege, which resulted in adding about 50 thousands conversos of Jews to Christianity by 1415. (Gerber 1994, 113-117)

In 1449, claims for the purity of Christian blood started in Toledo and followed by other cities of Spain, chasing conversos suspected to be Crypto-Jews, who were concealing their Jewish faith and practicing Judaism secretly while pretending to be Christians. Those suspected Crypto-Jews were called “Marranos” to start a new classification inside the Spanish society. The origin of the word “Marrano” is uncertain, but it has an insulting meaning as it was a term of abuse according to the encyclopedia Britannica[107]. By the mid of the 15th century, the Marranos economic status prospered as seen in the increase of their wealth and their holding for high positions especially in the church and the royal court which also indicates the growth of those conversos' social status that also prospered through intermarriage with the noble families. On this context, the archbishop of Seville Bernaldez, who was well known as an anti-Semitic chronicler of the late 15th century, claims that the Christian conversos of Jews were rich and most of them were aristocrats who worked in commerce and collecting of taxes. The prosperity of the economic and social status of the conversos caused feelings of hatred from the old Christians who started to suspect the faith of those conversos accusing them of infidelity and secret practicing of Judaism. (N. Roth 2002, 82) The increase of hatred against conversos resulted in new massacres in March 1473, led by fanatical Christian mobs starting in the city of Cordoba and then spreading to other cities. As a result, in 1478 the Spanish Inquisitions were introduced for the punishment of those conversos

107) See the definition of Marrano in the Encyclopedia Britannica: https://www.britannica.com/topic/Marrano

who were suspected of concealing their Judaism. Accordingly, in 1480, about 300 Marranos were burnt due to the Inquisition trials and their properties were confiscated. (C. Roth 1959, 20-23) We can see that the Spanish Inquisitions were mainly established for punishing the crypto-Jews of their heresy. Thus, since the establishment of those Spanish Inquisitions and till the expulsion of Jews in 1492, Marranos were arrested and suffered torture and execution. The expulsion of Jews from the Iberian Peninsula was the final solution suggested by the Spanish Inquisitions for preventing conversos of contacting with their old faith of Judaism. The decree of the expulsion of Jews was taken in the same year of the fall of the last Muslim Kingdome of Granada in 1492, which Ironically may remind of the reason of calling the Muslim rule golden age of Jews, that by the fall of Muslims, Jews were expelled of the Iberian Peninsula. According to the royal decree of the expulsion of Jews, they were forced to choose between conversion to Catholicism or expulsion without any of their valuables. The number of Jews who refused the baptism and chose the expulsion were about 160 thousand Jews. The Spanish Inquisitions continued chasing the crypto-Jews even after the expulsion of Jews as the Marranos suffered this persecution until 1521 when other forms of deviations started to threat the Christian faith giving new targets for the Spanish Inquisitions. (Homza 2006, xv-xxx)

The cruelty of Spanish Inquisitions was the feature of the way religious minorities were treated after Reconquista as any non-Catholic faith was seen as heresy. In this vein, Jews were not the only minority who suffered persecutions under the rule of Catholic monarchs, as their policy targeted all other faiths which included Muslims as well.

5) The status of Sephardim after the expulsion

Prior to the expulsion of Jews from Spain, Sephardi merchants had established commercial networks with other regions around the Mediterranean, which helped them forging ties with other Jewish communities out of the Iberian Peninsula. These contacts also helped them later in their exile after the expulsion of 1492. Before that final mass expulsion, there were waves of immigration from Iberia that even reached the eastern parts of Mediterranean as some of those Sephardim settled in Anatolia and the Balkans where they rapidly integrated into the Greek-speaking local Jews communities there. By the mid of 15th century, those Sephardi settlers even outnumbered the indigenous Jews in some of those Greek-speaking regions. In the last quarter of the 15th century, another wave of Iberian Jews refuged to North Africa following the anti-conversos attacks of 1473. Those Sephardi settlers in North Africa continued to conduct commercial contacts with their former communities in Iberia, which paved the road for other Sephardim to join them after the expulsion of 1492. (Ray 2013, 27-30)

The first years of expulsions witnessed disasters for Sephardi refugees including shipwrecks and piracy menace in the Mediterranean, in addition to suffering diseases and shortage of food upon their arrival to their destinations. (Ray 2013, 34) In the beginning of the expulsion of 1492, Portugal has received the largest number of Sephardi refugees, but later they were again expelled of Portugal the same way. The Ottoman Empire then became the main refuge for Sephardi where the city of Salonica later represented the center of Sephardi religious and cultural life for many centuries. (Naar 2016, 81) The estimated number is about 60 thousand of Sephardi refugees in the Ottoman Empire after the Spanish expulsion until the mid of the 15th century. The Ottoman Turks were formerly known by their tolerance and protection for Jews, this was likely due to the benefits of the Jews' commercial and economic skills, which explain the important role Jews played in Ottoman Empire. (Benbassa and Rodrigue 2000, xxxvii, 2)

The following map of Figure (2) shows the different routes for Sephardim in their diaspora after the expulsion of the Iberian Peninsula. The closest regions receiving Sephardim in their earliest migration were Morocco and other north African countries besides Italy and Ottoman Empire including Turkey and other countries in Eastern Europe. Later migrations reached France, United Kingdom, Germany, US and Latin American countries.

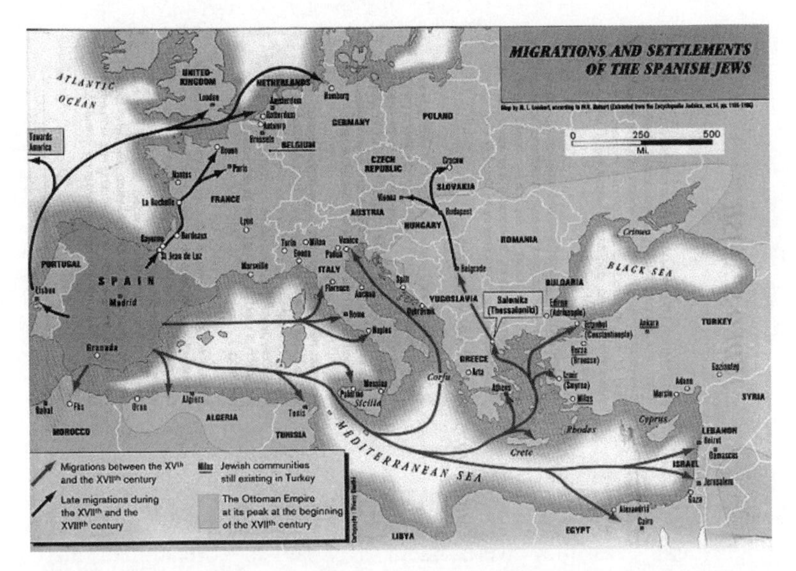

Source: Haïm-Vidal Sephiha, "Yiddish and Judeo-Spanish, a European Heritage", European Bureau for Lesser Used Languages,1997. Universal Life via Wikimedia Commons. Creative Commons License Attribution-ShareAlike. http://michel.azaria.free.fr/History.htm

Figure (2): Routes of Sephardi migration from the Iberian Peninsula in the 15th Century

Due to the expulsion of Sephardim of the Iberian Peninsula, those Spanish Jews joined other Jews communities, but were banding together preserving their distinct traditions and culture which distinguished them from other Jews. This led to a new classification inside the Jewish community into Sephardi and Ashkenazi Jews. The distinction between those two Jewish groups can be seen in their languages, as the Ashkenazi Jews spoke Yiddish or Judeo-German, while Sephardi Jews used Judeo-Spanish. But gradually, the concept for Sephardim broaden to include all non-Ashkenazi Jews, whether their language is Spanish or Greek, Arabic, or any other language. Accordingly, there are Sephardi Jews who are not originally descendants of the Jews who lived in the Iberian Peninsula. For example, there are north African Jews who followed the Sephardic rites but are not of Sephardic origin, while Jews of Rhodes who then settled later in the Congo, Zaire and Belgium are truly of Sephardic origin (Sephiha 1997, 23).

One of the main dimensions of one's identity is the language. Prior to the forced conversions to Catholicism after the Reconquista, the Jews were well integrated into Hispanic society linguistically, as they were fluent in Spanish. (Melammed 2010, 156) Judeo-Spanish (Ladino) is considered a dialect of Spanish used by Sephardim who also have used Hebrew, Aramaic, Arabic, and Romance before 1492. Since the Reconquista, Ibero-Romance was used as the main language of Jews. After the expulsion of 1492, most of the Jews expelled from Spain settled throughout the Ottoman Empire and North Africa spoke Judeo-Spanish. From the end of the 19th century, North African Judeo Spanish (Hakitia) was gradually replaced by Modern Spanish mixed with few remnants of Hakitía. Nowadays, Judeo-Spanish is still spoken in some communities in Israel, United States, France, Belgium, and Balkans as Jews. (Schwarzwald 2018, 146)

As for the current status for Sephardim in the world today, Iberian-descended Sephardic Jews comprise up to 20 percent of the world's Jewish population which means about 3 million[108]. In 2015, the Spanish government had made a legislation to facilitate granting the Spanish nationality for Sephardim. This pro-Jewish attitude of the Spanish government can be seen as a restitution for Jews suffering of the persecution under the Spanish Inquisitions that was ended with their expulsion of the Iberian Peninsula.

It is worth mentioning that the law facilitating granting Spanish nationality for Sephardim is excluding the descendants of the conversos of Sephardim who adopted other faith, as the law is concerned only with Jews who would prove their connection with Spain and also with their Sephardi ancestors. This issue raised criticism for this pro-Jewish policy which neglect same rights for other non-Jews. (Carvajal 2012) It is also worth mentioning that since the issuing of the law of 2015 which have facilitated the procedures and conditions of acquiring the Spanish nationality for Sephardim, and till 2018 only 8365 Sephardi Jews obtained the Spanish nationality (González 2018), which is very little comparing with the estimated 3 millions of Jews all over the world. As not all the Sephardim of the world today have Spanish ancestors, and

108) The estimated number of Jews in the world is 15 million, 40% of them are in Israel, according to the statistics declared on demographics of Judaism by Berkley Center for Religion, Peace & World Affairs Georgetown University. https://berkleycenter.georgetown.edu/essays/demographics-of-judaism Other sources estimate the number of Sephardim to be 2.2 million (16% of world Jewish population), almost half of them in Israel, while France and US have about 25% of them, and 40% in Spain. The rest of Sephardi lives in other counties. https://en.wikipedia.org/wiki/Sephardi_Jews

even those who have Spanish ancestors may look at Spain as just an exile of their ancestors and not a homeland, which is a historical fact.

The following map shown in figure (3) can give a brief look for the places of Sephardim all over the world, as most of the Sephardi applicants for acquiring the Spanish nationality came from Turkey which used to be the main part of the Ottoman Empire in the time of the expulsion of the Sephardim from the Iberian Peninsula.

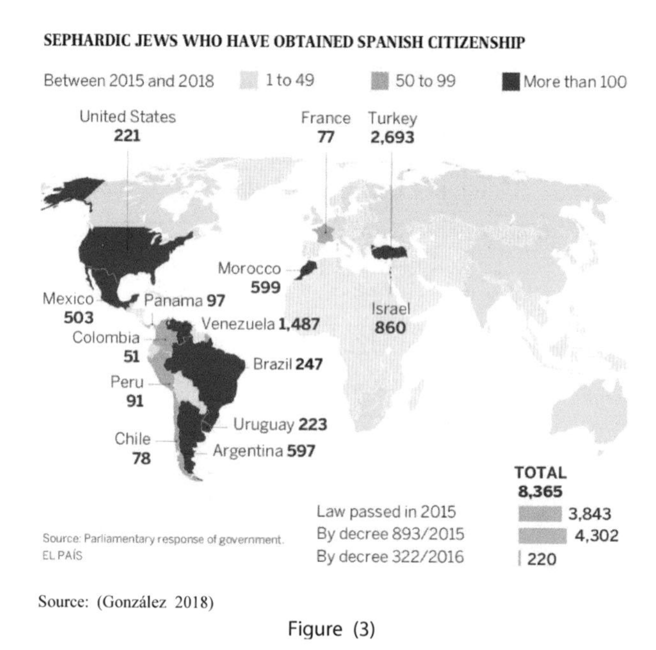

Source: (González 2018)

Figure (3)

Understanding the history of Sephardim:

Tracing the status of the Jewish minority of the Iberian Peninsula, we can see that they had a special status that made them distinct from other Jewish groups of the world calling them Sephardim. Their life in their exile in the Iberian Peninsula may have started in the biblical times, then lasted for centuries that ended with their expulsion to face their second diaspora by the end of the fifteenth century. During their life in the Iberian Peninsula, Jews have faced long periods of persecution and anti-Semitism which was the common attitude of most Christian monarchs, beginning with Romans, Visigoths, and finally with the Spanish Monarchs of the Reconquista who issued the decree of the Jew's expulsion. This was enough reason to make Jews welcoming the Muslim conquest of the Iberian peninsula and to call the period of their life under the Muslim rule of the Iberian Peninsula the "golden age", as they had a peaceful and prosper life under the Muslim rule that even encouraged other Jews of north Africa to immigrate to the Iberian Peninsula during that time. After the Reconquista, many Jews also fled to Muslim countries escaping from the persecution under the rule of Catholic monarchs.

The most critical period of persecution for Jews of the Iberian Peninsula was right after the end of the Muslim rule as Jews faced Massacres, forced conversions to Catholicism and even the converted Jews were suspected of heresy and faced cruel persecution through the Spanish Inquisitions. Eventually, in the same year after the fall of the last Muslim kingdom of Granada, Jews faced the mass expulsion from the Iberian Peninsula. This black history of persecution against the Spanish Jews was even recognized by the present Spanish government showing a sign of apology for that historical wound by granting the Sephardi descendants the right of return to their ancestors' land through facilitating their acquiring for Spanish nationality. Actually, this attitude of the Spanish government was criticized for being biased for only Jews as it excluded conversos from this privilege and also neglected the demands of same right for the Spanish Muslim descendants (Moriscos) who faced the same destiny of persecutions and expulsion like the Sephardim.

References

Arnold, Thomas Walker. 1913. *Preaching of Islam: A History of the Propagation of the Muslim Faith.* London: Constable & Robinson Ltd. https://archive.org/details/preachingofislam00arno.

Bachrach, Bernard S. 1973. "A Reassessment of Visigothic Jewish Policy, 589-711." *The American Historical Review* (Oxford University Press) 78 (1): 11-34. doi:10.2307/1853939.

Benbassa, Esther, and Aron Rodrigue. 2000. *Sephardi Jewry: A History of the Judeo-Spanish Community, 14th-20th Centuries.* Berkeley: University of California Press. https://books.google.co.kr/books?id=75yqSStYjocC&printsec=frontcover#v=onepage&q&f=false.

Bloomberg, Jon Irving. 2000. *The Jewish World in the Middle Ages.* New York: KTAV Publishing House Inc. https://books.google.co.kr/books?id=WtCCurkIBr8C&printsec=frontcover#v=onepage&q&f=false.

Carvajal, Doreen. 2012. "A Tepid 'Welcome Back' for Spanish Jews." *New York Times.* Dec. 8. Accessed July 2, 2019. https://www.nytimes.com/2012/12/09/sunday-review/a-tepid-welcome-back-for-spanish-jews.html.

Gerber, Jane S. 1994. *Jews of Spain: A History of the Sephardic Experience.* New York: The Free Press.

González, Miguel. 2018. "Law granting Spanish citizenship to Sephardic Jews meets with discreet success." *Elpais.* Madrid: Elbais English Edition, November 20. Accessed June 25, 2019.

https://elpais.com/elpais/2018/11/19/inenglish/1542623904_928426.html.

Homza, Lu Ann. 2006. *Spanish Inquisition, 1478-1614: An Anthology of Sources.* Indianapolis: Hackett Publishing. https://books.google.co.kr/books?id=VMpgDwAAQBAJ&printsec=frontcover#v=onepage&q&f=false.

Melammed, Renée Levine. 2010. "Judeo-conversas and Moriscas in sixteenth-century Spain: a study of parallels." *Jewish History* 24: 155-168.

Mu'nis, Husayn. 1959. *Dawn of Andalusia: A research of the History of Andalusia from Islamic conquest to Umayyad dynast (711-756).* Cairo: Dar Elrashad.

Naar, Devin E. 2016. "The "Mother of Israel" or the "Sephardi Metropolis"? Sephardim, Ashkenazim, and Romaniotes in Salonica." *Jewish Social Studies* (Indiana University Press) 22 (1): 81-129. doi:10.2979/jewisocistud.22.1.03.

Ray, Jonathan S. 2013. *After Expulsion: 1492 and the Making of Sephardic Jewry.* New York: New York Univ. Press. https://books.google.co.kr/books?id=3Ebx2Mo59oIC&printsec=frontcover#v=onepage&q&f=false.

Roth, Cecil. 1959. *Roth Cecil A History of The Marranos,.* New York: Meridian Books. https://archive.org/details/RothCecilAHistoryOfTheMarranos.

Roth, Norman. 2002. *Conversos, Inquisition, and the Expulsion of the Jews from Spain.* Madison: Univ of Wisconsin Press. https://books.google.co.kr/books?id=nzJ5340UZKMC&printsec=frontcover#v=onepage&q&f=false.

Roth, Norman. 1976. "The Jews and the Muslim Conquest of Spain." *Jewish Social Studies* (Indiana University Press) 38 (2): 145-158.

Schwarzwald, Ora R. 2018. "Judeo-Spanish throughout the Sephardic Diaspora." In *Languages in Jewish Communities, Past and Present*, by Sarah Bunin Benor Benjamin Hary, 145–184. Berlin: De Gruyte. doi:https://doi.org/10.1515/9781501504631.

Sephiha, Haïm-Vidal. 1997. "Judeo-Spanish: Birth, Death and Re-Birth." In *Yiddish and Judeo-Spanish, a European Heritage*, by Nathan Weinstock, Haïm-Vidal Sephiha and Anita Barrera-Schoonheere, 23-41. Brussels: The European Bureau for Lesser Used Languages.

Wasserstein, David J. 1995. "Jewish elites in Al-Andalus." In *The Jews of Medieval Islam: Community, Society and Identity*, by Daniel Frank, 101-110. Lieden: Brill.

Weiner, Rebecca. n.d. "Judaism: Sephardim." *jewishvirtuallibrary.* https://www.jewishvirtuallibrary.org/sephardim.

5부

페르시아-안달루시아의 신비주의 사상 교류

(Exchange of Mystical Thoughts between Persian and Andalusian Scholars)

페르시아–안달루시아의 신비주의 사상 교류 (Exchange of Mystical Thoughts between Persian and Andalusian Scholars)

무함마드 하산 모자파리(Mohammad Hassan Mozafari)

1. Introduction

The Mediterranean as a geographical-cultural area has always been the birthplace of great religions and philosophical thought, and the cradle of important civilizations and great ancient empires. At different stages of history, new religious or philosophical waves have emerged from its coasts, and like Mediterranean rains and the sandy storms of its desert, these waves moved in the East and West and changed its civilizations and cultural environments. Ancient Persia, as a multi-cultural, linguistic, and religious empire, played an important role in the region. During the medieval period, the Arab Muslims' domination of the Persian Empire resulted in interactions and the exchange of Islamic thought with other philosophical and religious ideas in Persia and the emergence of new schools of Islamic philosophy, theology, and Sufism that spread all over North Africa and Andalusia.

About a century after the conquest of Persia, the Iberian Peninsula was also conquered by Muslims. During this period, various philosophical, theological, and Sufi schools of thought had already been established in the Persian cultural area. Thus, with the annexation of the Iberian Peninsula to the Muslim empire, Andalusia's door for Eastern ideas was wide open. Through Muslim scholars, either by direct education and promotion or by imported books, Andalusians and people who migrated from North Africa became familiar with various Islamic schools of thought. Although the people of Andalusia had for decades been influenced by the Eastern philosophical and Mystical schools, they later produced some of the greatest and most famous Sufis, such as Ibn Masarra, Ibn Ares, Ibn al-Qassi, Abu Madyan, Ibn Toumert, and Ibn al-Arabi whose thoughts not only influenced Persia but the entire Muslim world.

However, by choosing the leaders and founders of the Sufi schools of Persia and well-known Andalusian scholars as the driving-forces in the field of Mysticism in Persia and Andalusia, this study attempts to discover how Muslim Mysticism and Sufi thought shaped and circulated in the region. This research is in debt to all the books, articles, and journals that are mentioned in this paper. They have provided very valuable and useful material about the history of religions, Sufism, jurisprudence, and Islamic philosophy relevant to this research. Most of these sources aim to discuss one or more philosophical issues, or they have studied the life and thought of one or more scholars. However, the difference between these sources and this study is in the approach, scope of the subject, and the visualization method. By mapping out the rise of great intellectuals and the emergence of Sufism in the region (Persia and Andalusia), this study attempts to explain the process of the exchange of philosophical ideas and to examine the impact of intellectual schools on both sides. As such, it is not concerned with descriptions of Sufism. It does not seek to explain the history, beliefs, principles, and values of Sufism, or the social role of Sufis.

Since this research is a qualitative and literary study, all the materials were first collected from various authentic sources, sorted, and conclusions were then drawn accordingly. By using the timetable and showing the location of the formation of intellectual developments on a geographic map, this study attempts to explain the subject and make it more tangible.

2. The Persian Cultural Area

Cultures and civilizations do not take shape in a vacuum. Throughout history, as a result of interactions, people, and cultures, civilizations have influenced each other. Even though the extent of the impact and the effectiveness of the exchange of thought may not always have been the same, no civilization emerges without interaction. Sometimes a nation may accept an alien thought and culture without any change or perhaps with the slightest of change, but sometimes they may embark on various reforms. Persian scholars have followed such a pattern in dealing with all alien philosophical thought, including Islam (Motahari, Khadamat Mutaqabel Iran va Islam, 2001, p. 159).

Before delving into the main discussion of the formation and circulation of mystical thought in the region, it is necessary to remind ourselves the Persia as an important cultural area in the region during the Middle Ages. Here, the Persian cultural area does not only refer to a specific geopolitical identity, ideology, or country with fixed borders, but rather to a collective cultural and communal identification that gradually takes shape through various common cultural, political, and historical factors and geographical backgrounds throughout history (Smith, 1990, pp. vii-ix). The Persian cultural area is a vast region in the eastern Mediterranean, which has for centuries been under the dominion of the Persian

Empire (See Figure 1 and 2). From the Achaemenid Empire (546 BD) to the fall of the Sassanid Empire period (651 AD), people who lived in the multi-cultural, ethnic, and multi-religious society of Persian territory produced many common customs and cultures that dominated vast parts of Central Asia, the Middle East, and the eastern Mediterranean for more than a millennium (Farrokh, 2007). When Persia was conquered by Arab Muslim armies in the seventh and eighth centuries, it became a large part of the Muslim empire, even bigger than the Persian Empire (Canfield, 2002, pp. 4-9). Such a collective cultural identification and identity was very clear to the extent that even centuries after the fall of the Persian Empire, some of the most well-known authors have talked about it in their work.

For instance, in his book al-Fasl fi' al-melal wa al-Hawāwa al-Nehal, Ibn Hazm, a famous Andalusian scholar (994–1064) wrote:

The Persians excelled over all nations in terms of the territorial extent and man-power; so they considered themselves free and superior and regarded other tribes as their servants. However, since their government [was] toppled by one of the most primitive and indigenous Arab tribe[s], it became an intolerable issue for them. Therefore they decided to fight against Islam in various methods (Ibn Hazm, p. 199).

Here, by referring to Persia's cultural identity, Ibn Hazm

admits that the emergence of various mystical, philosophical, and religious thoughts in the Persian cultural area is a kind of Persian conspiracy against Islam, and he expresses his concern on the expansion of these schools of thought in other parts of the Muslim world, including in his homeland Andalusia.

The identity of the Persian cultural area was distinguishable even seven centuries after the fall of the Persian Empire and during Ibn Khaldun's (1406 AD) lifetime. He as an Andalusian Muslim historian has emphasized on the Persian identity by stating: …It is a remarkable fact that, with few exceptions, most Muslim scholars…in the intellectual sciences have been non-Arab s…thus the founders of Arabic grammar were Sibawayh and after him, al-Fārisi and al-Zajjāj. All of them were of Persian descent… they invented rules of (Arabic) grammar…great jurists were Persians… only the Persians engaged in the task of preserving knowledge and writing systematic scholarly works. Thus the truth of the statement of the prophet becomes apparent, 'If learning were suspended in the highest parts of heaven the Persians would attain it.' [109] (Frye, 2000, p. 91)

Still, Arab writers in general call all Persians "Ajam" and Europeans use the word Persia for all peoples, tribes, and the territories of said regions, (Ajam, 2009, pp. 23-60)[110].

109) Here in this saying even the Prophet has referred to the Persian identity.

110) Indeed, Islam is against the supremacy of ethnic and racial interests. Islam regards the criterion of supremacy as pious and conveys the thought that all human beings come from one parent

However, due to its geographical location among three continents, and its long history and civilization, Persia was naturally a place of convergence and the processing center for various philosophical and religious schools of thought. This is why Persia was a dynamic and fertilizer land for the rise of Islamic thought. After the death of the Prophet (632 AD), the Arab Muslims crossed the borders of the Arabian Peninsula and attacked the Persian Empire. Persia had never been threatened before by the Arab tribes. Having large cities and populated centers with significant ethnic, linguistic, religious, and philosophical diversity, and having centuries of experience of war against the Roman Empire did not help the empire. The Arabs did not simply conquer the Sassanid kingdom, but they conquered a great cultural heritage and civilization with various races, languages, cultures, and religions. Nevertheless, Persian Iranians welcomed Islam and turned the invasion into an opportunity.

The curious scholars of Persia used to listen to the short and long messages of the Prophet that had been memorized and narrated by his companions and their descendants. The Persians

(Adam and Eve), and all of them are brothers and sisters. Of course, the differences between races and languages are presented as a fact, signs of God and subjects for study and recognition (The Quran, 2018, p. 517). Despite such facts, Muslim societies have never forgotten their racial, linguistic, and ethnic rivalries. This issue is not only an eastern Mediterranean issue, but in the western Mediterranean and in Andalusia, there were always political and social conflicts among the various ethnic groups of the Arabs, the Umayyad, Yamani, and Barbers. Now, given the fact that the concept of the cultural area was determined in this research, this study attempts to examine the interactions between Andalusian and Persian scholars in the fields of philosophy and theology during the Andalusian era (711-1492 AD).

gradually collected, classified, and compiled the Prophet's tradition in large volumes of books. These collections of the tradition that covers various subjects and disciplines of Islamic science are the most important and reliable sources for Islamic studies today. By referring to the Qurān and the Tradition, and also through consultations with the Prophet's companions, the Muslims of Persia with great care began to conduct comparative studies between Islam and other religious teachings and philosophical thoughts. As a result of such an impulse, various schools of thought in the fields of philosophy, theology, and mysticism emerged. Here, this study examines the emergence of the great currents of Muslim Sufis in Persia and Andalusia.

3. Sufism in Persia and Andalusia

Sufism or Islamic mysticism is a mixture of philosophy and religion, a kind of spiritual path, thinking, and observation that lead to excitement and according to its followers, is the only way to the truth, divine love and Allah (Ghani, 2001, p. 14), (Annemarie, 2018). Sufism in practice is a spiritual lifestyle; through self-denial, self-discipline, abstinence, and prayer a Sufi tries to cleanse his heart of any pollution and free it from any attachment and engagement in worldly affairs. Remembrance of

God is the most important concern of the Sufis. They do not interfere in social, political, and economic affairs. Sufis distance themselves from rulers, avoid prohibitions, doubts, and even halal (permitted) pleasures. However, some revolutionary or reformist Sufis have occasionally been actively involved in social and political arenas (Mojgan Sadeqi, Pourjavadi, 1998, p. 395).

Sufism began with some simple beliefs and lifestyles, and its literature and terminology gradually developed and eventually became an important school of thought. It began just like the vegetarian movement in modern times that was initiated by a simple emotional belief that resulted in some individuals avoiding eating meat to respect animals' lives. When some scholars and animal rights advocates joined this movement, they gathered vegetarian terminology and then gradually produced the philosophical foundations of Vegetarianism. In the next stage, some vegetarians avoided the consumption of any animal products such as eggs and milk and so Veganism was formed.

Sufism originated in the same way in the eastern Mediterranean in Persia (Mojgan Sadeqi, Pourjavadi, 1998, p. 406), (Editors, 2018) and then spread to other parts of the Muslim world. Throughout history, both Persia and Andalusia have played an important role in the development of Sufism. Mysticism has various philosophical, cultural, artistic, social, political, and historical dimensions; this article is not based on any of these fields. If some of these issues are mentioned, it is simply to discover how Sufism emerged and spread in Persia and Andalusia.

1) Sufism in Persia

Mysticism was considered as an individual lifestyle in the first stage of early Islamic history. Some people individually tried to dress simply, avoided associating with others, worship God, eat less, be hungry, and to spend time with the fear of God. There are a few cases that were reported to the Prophet Mohammad where someone (like Uthmān Ibn Mazoun) left his family and simply concentrated on worshiping, fasting, and fearing God and they rejected this type of piety (Asqalani, 1985, p. 190), (Kulaini, 1978, p. 498). Unlike some Sufis (Seraj, 1914, p. 27), even the lifestyle of some homeless immigrants such as As'hāb al-Suffa during the time of the Prophet in Medina or the simple and ascetic lives of some of the companions of the Prophet Mohammad, like Imam Ali, Salman al-Farsi, Abouzar, and Bilal, cannot be regarded as a subculture.

Sufism has undergone various stages since the beginning. At the first stage, some individuals as Sufis tried to lead very simple lives, to remember God, and tried not to interfere in political and social affairs and avoided companionship with rulers. They were willingly or unwillingly expressing their thoughts. Someone asked Bāyazid how he obtained such mystical knowledge? He replied that he obtained it through his bare body and hungry stomach (Shafiee Kotkani, 2005, p. 242). The first well-known Sufis of this time were people such as Hassan al-Basri, Abu Hāshim Sufi al-Kufi, Hārith Ibn Asad al-Muhāsibi (781)[111], Malik Ibn Dinār, Ibrāhim Adham al-Balkhi (782)[112], Rābia Adwiya (801), Shafigh al-Balkhi (810), and Bāyazid al-Bastami (874), all from Persia. Among this group, Rābia al-Adawiya al-Basri (801) is an outstanding Sufi poet for her theory of "divine love." Rābia introduced the doctrine of selfless love into Sufism. She emphasized ascetic detachment, renunciation of the world, meditation, and the love of God. (Ed. John, 2018). She changed the discourse of Sufism from the fear of God to that of divine love. The first generation of Sufis were exclusively inspired by Islamic sources such as the Quran and Hadith and especially the teachings and lifestyle of Imam Ali Ibn Abi Tālib, the wisest and most pious companion of the Prophet of Islam. Even to this day, nearly all Sufi orders trace their lineage to Imam Ali.

In the second stage, Sufis through collective behavior, collective institutions, and symbols such as the establishment of monasteries (Khāneqāh and Zāwiya), religious ceremonies and meetings, solitary and collective Sufi journeys, residing in

111) "Al-Ra'āya li Huqouq Allah" and "al-Wasāya" written by al-Muhāsibi are the oldest books in Sufism.

112) Ibrahim Adham, a prominent Sufi who was a prince and left his palace, preferred the Sufi style of living to a comfortable life (Mostawli, 1984, p. 5).

monasteries, and meeting with Sufi leaders and scholars made their presence felt. Expressing new ideas and behaviors that did not conform to the law and ruling culture caused jurists to rise against them. Bāyazid al-Bastāmi (874), who raised the theory of Huloul (self-annihilation in the Divine Presence of the Creator) and "Wahdat al-Wujoud" "Unity of Existence" is one of the most famous Sufis of this period. Bāyazid and those Sufis who followed his practices, who, in a cheerful state of mind spoke unconventional words outside the framework of the Sharia, are known as followers of the school of drunkenness (Sukr or Wajd). These Sufis were sometimes severely punished by a large majority of jurists and judges. The execution of Mansour Hallāj is the cruelest example of this kind of punishment.

In the third stage, Sufi idioms and literature were collected, revised, interpreted, and developed by prominent Sufi scholars such as Sahl Ibn Abdullāh Tustari, Junaid[113] al-Baghdadi, Abu Bakr Shibli, Abu al-qāsim al-Qushayri, Ali Ibn Uthmān al-Hujwiri, Abu Hāmed Mohammad al-Ghazāli, Jalāl al-Din Muhammad al-Balkhi, Ahmad al-Ghazali, Sheikh Shahab al-Din al-Suhrawardi, Abd al- Razzāq al-Kāshi, Sheikh Mahmoud al-Shabestari, and the leaders of Sufis, such as Hassan al-Basri, Marouf al-Karkhi,

113) Junaid Baghdadi (297 or 298), originally from Nahawānd, was a well-known Sufi who tried to explain the origins of Sufism within the framework of Sharia. Many students from various parts of the Muslim world would come to visit him in Baghdad. From the middle of the third century of Hijri, when communication increased, the teachings of Junaid Baghdadi and Abu Bakr Shibli (946) spread to other cities.

Mohammad Ibn Khafeef al-Shirāzi, Abu Ishāq al-Kāzerouni, Abu Naim al-Isfahāni, Abu Sa'id Abu al-Khair, Abulqāsim al-Qushairi, Ala' al-Dawla al-Semnāni, and Abdul Qādir al-Jilāni.

During the period of the completion and development of jurisprudential, philosophical, theological, and Sufi thoughts, some scholars tried to bring about a convergence among the various schools, while others wrote books and attempted to diverge. al-Fārābi and al-Akhawān al-Safā tried to approach mysticism and philosophy. By writing the book of al-Isharat va al-Tanbihāt, Ibn Sina sought to combine philosophy and mysticism; some Sufi scholars such as Junaid al-Baghdadi made great efforts to bring about the convergence of jurisprudence and mysticism (Ghani, 2001, p. 14). Junaid is the most prominent thinker of this stage. Those who follow Sufism within the framework of the Sharia are known as followers of the School of Intelligence (Sahw). In an overview, it can be concluded that almost all the great Sufi scholars and leaders at this stage were also from the Persian cultural area.

Shahāb al-Din (yahya) al-Suhrawardi (d 1191) is a prominent figure because he was the founder of Illumination Philosophy (Hekmat al-Ishrāq) that is based on a philosophical thought that emerged in Persia. The illumination philosophers believed that rational methods and its philosophical reasoning alone were not sufficient for the understanding and finding of reality. For al-Suhrewardi, wisdom is a light that merely comes from God (Allah) who is "the Light of Lights," but only after the purification of the soul from vices. He admired the ancient Persian Zoroastrian sages as the pioneers of the philosophy of light and criticized Muslim philosophers such as Ibn Sina (Avicenna) for their purely rational approaches. According to al-Suhrawardi's thinking, purifying the soul and the heart from various attachments is the only way to discover reality and truth. The proponents of this philosophy tend to follow Plato's method of study (applying all methods of heart and wisdom). The illumination philosophers emphasized rational methods, inner findings, ceasing selfishness, as well worldly attachments. They use imagination, poetry, and even numeric calculations of letters and numbers to discover the realities and the truth of life. Sheikh Shahāb al-din Suhrawardi[114) was also an active author; he wrote, among others, Hekmat al-Ishrāq, Hayākil al-Nour, and Par e Jebriel (in Persian). Among his books, Hekmah al-Ishraq is the most famous. In his work, Sheikh al-Ishrāq relied on both rational reasoning and self-purification methods. Though al-Suhrewardi did not have much impact on the practical aspects of the Sufi tradition, his mystical philosophy influenced the convergence of mysticism and Islamic wisdom (philosophy). This came to fruition in the "Transcendent Theosophy" of Mullā Sadrā, a 17th century Persian mystic philosopher who developed a grand synthesis of Sufi

114) He was a Persian scholar, born in Zanjān and died in 1191 in Aleppo.

theology and philosophy (Motahari M., Ashnaei ba Uloum Islami 1, 2001, p. 165).

The fourth stage of the history of Sufism is the period of the education and expansion of theoretical Sufism. Some of the great scholars who promoted Sufism through their teachings and interpretations of the theories of the previous theosophists are Shahāb al-din Abu Hafs al-Suhrawardi (1234), Jalal al-Din al-Mousavi (1273), Sadr al-Din al-Qunavi (1274), Fakhr al-Din al-Iraqi (1289), Sa'd al-Din al-Farghāni (1300) the author of the book Mashāriq Al-Darāri, Abd al-Razzāq al-Kāshāni (1335), Dawoud Ibn Mahmud Rumi al-Qaysari (1350) who interpreted the Fusous al-Hikam of Ibn al-Arabi, Seyyed Heydar al-Amoli (1385), Sa'in al-Din Ali Ibn Muhammad Turka al-Isfahani(1432), the author of Tamhid al-Qawā'ed, and Abdul Rahman al-Jami (1492) the author of Nafahāt al-Uns.

2) Sufism in Andalusia

After the conquest of Andalusia, Muslims initially showed interest in the Qur'an, Hadith, and Arabic literature and actively engaged in these sciences for almost two centuries; however, in the late ninth century, the Sufi and philosophical thoughts of Persia, through books, Sufi missionaries, and Andalusian scholars who educated in the eastern regions, reflected amongst many of the scholars of Andalusia. Ibn Masarra, Mohammad Ibn Abd-Allah (died in 931) was the first and most important Andalusian who came to Basra and Baghdad to study Islamic sciences; when he returned to Andalusia, he introduced Sufi philosophy to his countrymen. In spite of centuries of harshness of the rulers and jurist scholars, Sufism expanded in Andalusia and peaked in the era of Ibn al-Arabi (Jahanhiri, 1980, p. 913).

When Ibn Masarra lived in the eastern Mediterranean, several currents of thought were in close conflict with one another. The theological discourses between the Mu'tazila and Ash'ari, the disagreements of rationalism (philosophy) and Sufism, and on the other hand, the strong reaction of the jurists to both rational and mystical movements, had engaged the minds of all scholars. Owing to the support of the Abbasids, especially the Persian authorities (Barmaks), the Mu'tazila was the dominant ideology. During this period, when Ibn Masarra was in Basra and Baghdad, Junaid al-Baghdadi was revising the thoughts of Sufism. Based on the Sharia and jurisprudence, he made a great effort to interpret and justify the thoughts and practices of Sufis. Junaid's thoughts, lectures, and books were warmly welcomed by many students and scholars. Ibn Masarra grew in a dynamic intellectual environment. By integrating rationalism (philosophy and Mu'tazila theology) and Junaid's Sufi methods of thinking, he established a new Sufi philosophical school of thought.

When Ibn Masarra returned to Andalusia, the Umayyad were

ruling there. They were very sensitive, not only towards the Mu'tazila that were supported by the Barmakids in the Abbasids court, but also to rational thought and Sufism. Ibn Masarra settled in peaceful mountains near Granada and began to teach a small group of his followers. Although he was very cautious about promoting his ideas, his thoughts leaked beyond the circle of his followers and he was accused of atheism and apostasy. The influence of Bātinids' thoughts and ideas and that of Sahl al-Tustaris' beliefs are evident in important books authored by Ibn Masarra, such as Khavāsul-Hurouf va Haqaiqha and Resālat al-Etebār[115]. His thoughts drew reactions from jurists. In the year 980 or so, the judge of Qurtuba launched a manhunt for the followers of Ibn Masarra. Based on fatwas issued by jurists, many of their books were burned and many of his followers repented (Da'eratul-maa'rif-al-Fiqhul-Islami, p. 3589), (Jahanhiri, 1980, p. 128). Regardless of such measures and actions, Ibn Masarra's thoughts continued to spread for several centuries among scholars and great people such as Ibn Arif, Ibn al-Qassi, Abu Madyan, and Ibn al-Arabi. Most of the Andalusian Sufi philosophers were engaged in an effort to reconcile philosophy and mysticism.

In 11th century, when Abu Hāmed al-Ghazāli's thoughts and books found their way to North Africa and Andalusia, Andalusian

---

115) خولص الحروف و حقائقها ، رساله الاعتبار .

Sufism witnessed a major change. Based on Ibn Masarra and Abu Hāmed Ghazāli's thoughts, Abu al-Abbas Ibn Arif (1141) introduced a new Sufi philosophical school. The thoughts of Ibn Masarra and Ghazāli, especially the book Ehyā al-Ulum al-Din, were welcomed in Sufi circles. In reaction to such a development, the judge of the Qurtuba issued a fatwa against Sufis. Based on the fatwa, the second Emir of Almoravid (Al-Mourabitoun) in the year 1109 ordered all copies of al-Ghazāli's Ehyā Ulum al-Din book to be collected from across Maghreb and Andalusia and burned. The move was met with opposition from top scholars such as Ibn Arif, Ibn Barrajān, and Abu Abdullah al-Ghazal. Ibn Arif's thoughts and lectures were inspired by those of Ibn Masarra and Ghazāli. The rulers of Almoravid who feared the political consequences of Ibn Arif and Ibn Barrjān's thoughts and activities, sent them into exile in Morocco. Nevertheless, dozens of years of severe policies adopted by rulers and jurists against mystic thought in Andalusia could not stop Sufi thought from spreading (Ibn Abbar, 1964, p. 278),

After a while, the political and ideological confrontation brought about by Sufis continued through Abu al-Qāssem Ahmad Ibn Hossein al-Qassi (1151) who was one of Ibn Arif's students. Ibn al-Qassi who was active in the Jella village in the west of Andalusia and had many followers, invited people to study books by al-Ghazāli, Batinids, and Ikhwān al-Safa. The activities that were generated and led by Ibn al-Qassi, known as the "al-Mahdi uprising," and al-Muridin resulted in a decade-long struggle against the Almoravid rulers. Ibn Qassi went to Morocco and asked Abd al-Mu'amen Muwahhid to help them in their struggles in Andalusia. The call for help was answered, but after Muwahhidun's troops entered Andalusia to help Ibn al-Qassi in his uprising, he refused to obey them and turned to the king of Portugal. Ibn al-Qassi's policy made people to react in anger and he was killed in a popular rebellion. Moridin's uprising led by Ibn Qassi was one of the few politically-motivated Sufi movements (Ibn Abbar, 1964, pp. 197-198), (Jahanhiri, 1980, p. 148).

Following the Ibn al-Qassi uprising, another great mystic named Abu Madyan Shuaib Ibn Hussein Ansari (died in 1115), also known as Abu Madyan al-Maghrebi, was inspired by Sufism in Andalusia. During his trip to Mecca, Abu Madyan officially received the Sufi gown (Kherqa) from one of the most renowned Persian Sufis, Abd al-qāder al-Jilāni, and established the Madyania School of Sufism upon his return to Andalusia. His method was to strike a balance between Tariqa (Sufism) and Sharia. Abu Yaghoub Yousef al-Qmmi, Ibn al-Arabi, Abd al-Salām, also known as Ibn Mashish, and Abul-Hassan, al-Shāzuli's teacher who was the Sheikh of the Tariqa al-Shāzuliyah, were all important Sufi figures and were all students of Abu Madyan (Ibn Arabi, 1997, p. 206), (Jahanhiri, 1980, pp. 136-148).

Among Andalusian scholars, Ibn al-Arabi (1240) was a poet, author, philosopher, Hadith narrator, and commentator, and one of the most important and famous Sufi figures. He lived in Andalusia when Murabitun and Muwahhidun rulers were engaged in a power struggle. The Murabitun government, which like its predecessors was supported by Māleki jurists, was not on good terms with Sufism. After the Murabitun were defeated, jurists lost their influence in the government and the atmosphere became more open for Sufis to offer their training in public. As a result of this development, many people, including women, were drawn into Sufi thought. Andalusian Sufism, from Ibn Masarrah to Abu Madyan, sought to mix Sufism and philosophy, but none were as successful as Ibn al-Arabi.

Ibn Arabi was also one of the Andalusians who travelled to the eastern Mediterranean to study Islamic sciences. He studied various text books in Basra and Baghdad such as "Resāla al-Rouh al-Qudus," "al-Rasāla al-Qushayri," and the books of the great narrator al-Beihaghi. In 1211, on a trip to Baghdad, he met with famous Sufi Shahāb al-Din al-Suhrawardi, the author of the famous book "Awarif al-Ma'arif." He officially received the Sufi gown from Ali Ibn Abd al-Allah Ibn al-Jāmia in Mosel. He classified the scattered texts of Sufism and mysticism, and presented them in a unified format and structure, much like philosophical topics. Ibn al-Arabi was the founder of one of the most influential mystic schools of thought (Qaisari 2004, 41). He authored many books among which Fusous al-Hekam, al-Futuhat al-Makkiyah, and Tarjomān al-Ashwāq are very famous. His thoughts influenced the entire Muslim world. Many renowned scholars have commented on his books in various languages, such as Persian, Arabic, Turkish, Hindi, and Malay. Theoretical mysticism is in debt to the efforts of Ibn Arabi, who transformed Sufism into a philosophical school. Ibn al-Arabi interpreted and explained the theory of the "unity of existence," which, since Bāyazid al-Bastāmi, had been the source of dispute between scholars and caused many conflicts. He introduced Sufism as "consciousness and to obtain the divine ethics." However, Ibn al-Arabi like many other Sufis, believed that intellect is inadequate in understanding some of the sciences and realities, and that some philosophical rules are incorrect (Reza Zade Asma, Jawareshkian, Abbas, 2011, p. 58). Sufism has faced opposition from jurists throughout the centuries and in different eras, but opposition to Ibn al-Arabi was the most intense of all. Ibn al-Taymiyyah was one of the toughest opponents of mystics and philosophers had strongly criticized Ibn al-Arabi and his book Fusus al-Hekam.

Index

Founders/Leaders of Various Sufi Schools			
Died	Name	Remarks	From
642-728	Hassan al-Basri	He and Abu Hāshim Sufi al-Kufi, Hārith Ibn Asad al-Muhāsibi, Malik Ibn Dinār, Ibrāhim Adham al-Balkhi were the follower of the School of asceticism and fear of God.	Persian Cultural Area
713-810	Rābia al-Adwiya	An outstanding female Sufi poet for her theory of "divine love." Rābia introduced the doctrine of selfless love into Sufism. She emphasized ascetic detachment, renunciation of the world, meditation, and the love of God.	Persian Cultural Area
830-910	Junaid al-Baghdadi Founder of the School of Sahw	He made great efforts to bring about the convergence of jurisprudence and mysticism Those who follow Sufism within the framework of the Sharia are known as followers of the School of Intelligence (Sahw).	Persian Cultural Area
804-874	Bāyazid al-Bastami	He raised the theory of Fana (self-annihilation in the Divine Presence of the Creator) and "Wahdat al-Wujoud" "Unity of Existence" is one of the most famous Sufis of this period. Bāyazid and those Sufis who followed his practices, who, in a cheerful state of mind spoke unconventional words outside the framework of the Sharia, are known as followers of the school of drunkenness (Sukr or Wajd). These Sufis were sometimes severely punished by a large majority of jurists and judges. The execution of Mansour Hallāj is the cruelest example of this kind of punishment.	Persian Cultural Area
931-883	Ibn Masarra Founder of the Sufi-Philosophy School	He established a new Sufi philosophical school of thought. The influence of Bātinids' thoughts and ideas and that of Sahl al-Tustaris' beliefs are evident in important books authored by Ibn Masarra,	Andalusia

		such as Khavāsul-Hurouf va Haqaiqah and Resālat al-Etebār. Ibn Masarra's thoughts continued to spread for several centuries among scholars and great people such as Ibn Arif, Ibn al-Qassi, Abu Madyan, and Ibn al-Arabi. Most of the Andalusian Sufi philosophers were engaged in an effort to reconcile philosophy and mysticism.	
1058-111	Abu Hāmed Mohammad al-Ghazāli	Sufism witnessed a major change by al-Ghazāli's thoughts and books. His book Ehyā al-Ulum al-Din were welcomed in Muslim world, especially in Sufi circles.	Persian Cultural Area
1154-1191	Sheikh Shahāb al-din (Yaya) Suhrawardi Founder of the Ishraq Philosophy School	He was an active author. Among his books, Hekmah al-Ishraq is the most famous. In his work, Sheikh al-Ishrāq relied on both rational reasoning and self-purification methods.	Persian Cultural Area
1165-240	Ibn al-Arabi Leader of the Sufi-Philosophy	He was a poet, author, philosopher, Hadith narrator, and the Quran commentator, and one of the most important and famous Sufi figures. The thoughts of Ibn al-Arabi are so fascinating that many renowned scholars have delivered commentary on his books in various languages, such as Persian, Arabic, Turkish, Hindi, and Malay.	Andalusia

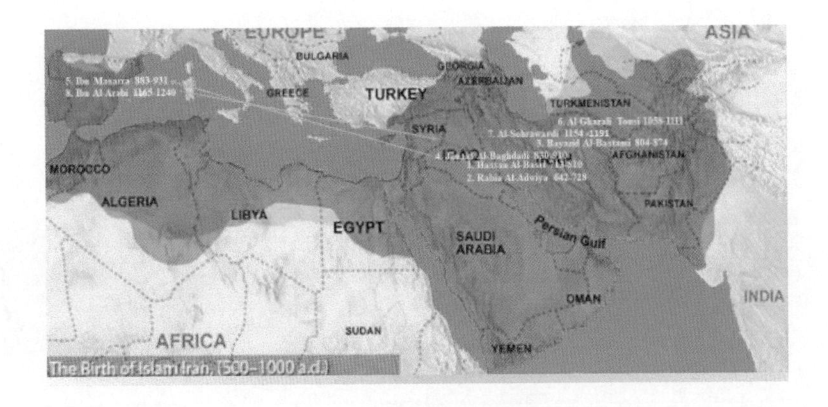

The geographical distribution of the founders and leaders of Sufism in the east and west of the Mediterranean

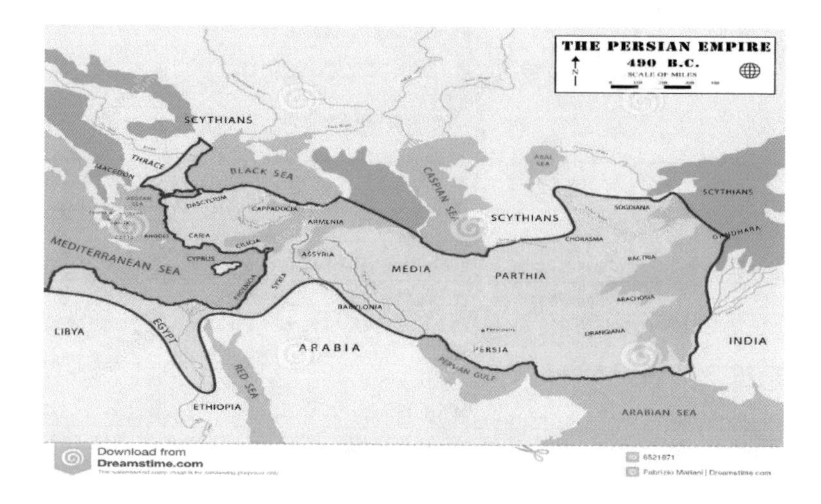

References

Ajam, M. (2009). *Asn'ad N'am Khalij F'ars.* Tehran: Evin.

al-Mesri, A. (2009). *al- Mawsoua al-Moujaza fi al-Tarikh al-Islami.* al-Maktaba al-Waqfeya.

al-Nadva al-Islamiya li al-Shabab. (n.d.). *al-Mawsou,a al-mysra fi al-Adyan va al-Mazaheb va al-Ahzab 2.* Dar al-Nadva al-Alamiya.

Annemarie, S. (2018). Sufism. In Scholars, *Encyclopedia Britannica.* www.britannica.com/topic/Sufism.

Asqalani, I. (1985). *al-Tahzib 4.* Tehran: Dar al-Kutub al-Islamiya.

Canfield, R. L. (2002). *Turko-Persia in Historical Perspective.* Cambridge University Press.

Da'eratul-maa'rif-al-Fiqh al-Islami. (1998). *Daneshnameh Jahan Islam Vol.1.* Tehran: Muaseseh Da'eratul-maa'rif al-Fiqh al-Islami. Retrieved 2015, from wikifeqh: http://www.wikifeqh.ir/%DA%A9%D8%AA%D8%A7%D8%A8%D8%AA_%D9%82%D8%B1%D8%A2%D9%86#foot-main1

Ed. John, L. (2018). *Rābiah al-Adawiyah.* Retrieved from The Oxford Dictionary of Islam:http://www.oxfordislamicstudies.com/article/opr/t125/e1958

Editors. (2018). *Sufism.* Retrieved from britannica: https://www.britannica.com/topic/Sufism/Theosophical-Sufism#ref1143965

Farrokh, K. (2007). *Shadows in the Desert: Ancient Persia at War.* Osprey Publishing.

Frye, R. (2000). *The Golden Age of Persia.* Phoenix Press.

Ghani, Q. (2001). *The History of Sufism in Islam.* Tehran: Zaw'var.

Hounri, G. F. (1970). The Early Growth of the Secular Sciences in Adalusia. *Studia Islamica No. 32.*

Ibn Abbar. (1964). *al-Hellah al-Saira.* Caro: Husain Mounes.
Ibn Arabi. (1997). *al-Futouhat al-Makkiya.* Bairout: Darsader.
Ibn Hazm. (n.d.). *al-Fasl fi' al-melal wa al-Haw'a wa al-Nehal.*
Jahanhiri, M. (1980). *Muhye Ibn al-Din Arabi.* Tehran: Tehran University.
Kulaini, M. (1978). *Usoul al-Kafi 5.* Tehran: Dar al-Kutub al-Islamiya.
Mojgan Sadeqi, Pourjavadi. (1998). Tasavuf. In Editors, *al-Islami, Da'era al-Ma'arif 7.* Tehran: Bonyad Da'era al-Ma'arif al-Islami.
Motahari, M. (2001). *Ashnaei ba Uloum Islami 1.* Qom: Sadra.
Motahari, M. (2001). *Khadamat Mutaqabel Iran va Islam.* Qom: Sadra.
Qaisari, D. (2004). *Sharh Tusous al-Hekam.* Qom: Boustan Ketab.
Reza Zade Asma, Jawareshkian, Abbas. (2011). *Falsafe va Hekmate Islami.* Mash'had: Ferdawsi University.
Seraj, A. (1914). *al-Luma.* Leiden: Leiden.
Shafiee Kotkani. (2005). *Shahik Abu Sa'id Abu al-Khair.* Tehran: Agah.
Smith, A. D. (1990). *National Identity.* University of Nevada Press.
Thaqafi, M. (2009). Jelveh haei az Tamadun Islami Andulus. *Faslnameh Meshkat No. 48*,http://www.hawzah.net/fa/article/view/82113.

맺음말

윤용수

지구상에서 명멸해 간 수많은 국가들은 그 나름대로 각각의 존재 가치와 의미를 갖고 있었다. 쓸모없는 인간이 없듯이, 존재 가치를 갖고 있지 않은 나라는 없었다. 역사의 모든 국가들은 각자 그 나름의 역할을 충실히 수행하며 인류 발전에 기여해 왔다.

달에서 지구를 바라보듯이 역사의 과정을 통시적으로 보면 인류의 모든 공동체는 그 나름의 역할을 충실히 수행했고, 돌탑의 돌을 쌓듯이 인류 문명을 발전시켜 왔다는 것을 알 수 있다. 수메르에서 시작된 인류 공동체는 악카드, 파라오, 그리스, 로마, 비잔틴, 이슬람 제국과 유럽 근대국가를 거쳐 현대에 이르기까지 계속 발전해 왔고, 21세기 작금의 번영은 그 누적된 결과일 것이다,

거시적인 관점에서 인류의 역사를 볼 때, 안달루시아는 특별한 의미와 교훈을 주고 있는 지역이다. 안달루시아는 동쪽으로는 지중해, 서쪽으로는 대서양, 남쪽으로는 58km의 짧은 지브롤터 해협을 사이에 두고 아프리카 대륙과 접하고 있고, 북쪽의 피레네 산맥을 넘으면 유럽이다. 유럽과 아프리카, 지중해와 대서양을 동시에 연결하는 교차점에 위치하고 있는 것이 안달루시아이다. '문화의 용광로' 또는 '문명의 교차'로라는 표현이 가장 어울리는 지역이다.

안달루시아의 문명정체성은 안달루시아의 주기(州旗)와 문장(紋

章)에서도 잘 드러난다. 주기는 가로로 삼등분되어 중앙은 흰색, 상하(上下)는 녹색의 공간으로 구분되어 있고, 문장은 이들의 중심에 위치한다.

[그림 1] 안달루시아의 주기(州旗)

[그림 2] 안달루시아 문장(紋章)

안달루시아 문장은 중앙에 헤라클레스가 있고 그의 좌우에 두 마리 사자가 있다. 문장에 등장하는 사자들은 안달루시아 역사와 문화 지층에 녹아있는 가톨릭과 이슬람을 상징한다는 생각이 든다. 가톨릭과 이슬람이라는 2개의 축을 동력으로 삼아 때로는 갈등을 일으키기도 했지만, 인간이 중심이 되어 서로 협력하며 공존하는 인류의 발전 모델을 상징하고 있다는 생각은 지나친 비약일까?

대륙과 해양의 교차로에 위치하고 있다는 지리적 특성 탓에 안달루시아의 역사 지층을 세로로 잘라보면 대부분의 주요한 지중해 국가와 문명들의 흔적과 발자취가 겹겹이 퇴적되어 있는 것을 알 수 있다. 지중해 문명의 박물관이라 하겠다.

고고학 발견에 의하면 안달루시아에는 BCE 35세기경 이베리아 반도 북부 지역에 최초의 집단 부락이 출현했다. 대서양과 접한 이베리아 반도 북동부 칸타브리아(Cantabria)지역에서 발견된 알타미라(Altamira) 동굴벽화는 같은 시기에 그려진 것으로 추정되며, 이 지역에 정착민이 살고 있었다는 것을 확인시켜준다.

아프리카에서 이베리아 반도 동부 연안으로 진출한 햄족 계통의 이베로족과 BCE 6세기경 이베리아 반도 북부의 피레네 산맥을 넘어 반도 중앙부와 서북부에 정착한 켈트족이 이베리아 반도의 원주민을 형성했다.(Pike,A.W.G.etc.2012.1409~1413)

BCE 11세기에는 페니키아와 카르타고가 이베리아 반도에 진출했다. 로마와 카르타고의 전쟁인 포에니전쟁에서 로마가 승리하자 BCE 4세기 이후부터는 로마가 이베리아 반도를 지배했다. CE 5세기에는 반달왕국, 뒤를 이어 서고트(Visigoth) 왕국, CE 7세기에는 비잔틴 제국이 이베리아 반도를 차지했다. CE 8세기에는 이슬람의 지배를 받게 되지만 700여년에 걸친 레콩키스타를 거치면서 CE 15세기 이후 이베리아 반도는 다시 가톨릭의 영향력 하에 놓이게 되었다.

레콩키스타를 완수한 통일 스페인 왕국은 지중해의 절대 강자로 등장했다. 로마 교황으로부터 '가톨릭의 수호자'라는 영예까지 부여 받은 이사벨 여왕(Isabel Ⅰ)은 통일 스페인 왕국의 제국화를 시작했다. 제국의 꿈을 품은 이사벨 여왕과 자신의 꿈과 욕망을 지원해 줄 후원자를 찾고 있던 콜럼버스의 만남은 통일 스페인의 역사를 바꾸는 결정적 계기가 되었다.

이사벨 여왕은 1492년 4월, 대서양을 횡단해서 인도의 후추를 해로를 통해 통일 스페인으로 수송하겠다는 의사를 밝힌 제노바 출신의 콜럼버스와 산타페 협약(Santa Fe Capitulations)을 체결했다. 이 협약에 따르면, 콜럼버스는 자신이 신대륙의 총독이 되고 자신의 직위를 후손들에게 영구히 상속할 수 있으며 그 곳에서 발견한 모든 귀금속의 1/10을 차지할 수 있었다.

[그림 3] 산타페 협약(Santa Fe Capitulations). Plaza Isabel la Catorica 광장

이 협약은 결과적으로 통일 스페인 왕국이 근대에 지중해의 초강대국으로 발전할 수 있는 초석이 되었다. 콜럼버스는 자신이 발견한 땅이 신대륙인 것을 몰랐지만, 이곳에서 유입된 엄청난 경제적

부와 노예로 통일 스페인 왕국은 대항해시대의 막을 열면서 방대한 식민지를 소유한 유럽기독교세계의 초강대국으로 발돋움했다. 통일 스페인 왕국의 영광은 카를로스 1세(Carlos I, 1500~1558)때 절정에 달했다. 스페인과 오스트리아 그리고 프랑스의 왕족들과 인척관계에 있던 그는 'Plus Ultra(보다 더 멀리 나아가다)'를 모토로 삼고 신성로마제국의 황제, 로마의 왕, 이탈리아의 왕 그리고 에스파니아의 왕으로 군림했다. 그는 중유럽, 서유럽, 남유럽뿐만 아니라, 아메리카 대륙과 동남아 지역까지 영토를 확장시켰고, 명실공이 '태양이 지지 않는 나라'를 건설했다.

이처럼 초강대국으로 발전할 통일 스페인 왕국에 엄청난 부와 초강대국을 향한 초석을 제공해 준 콜럼버스였지만, 그의 말년은 행복하지 못했다.

콜럼버스는 후추를 끝내 찾지 못했고 계속된 항해에서 뚜렷한 성과를 내지도 못했다. 오히려 뒤 늦게 식민지 경쟁에 뛰어든 포르투갈과의 경쟁에서 우위를 점하지 못한 통일 스페인 왕국은 그 책임을 콜럼버스에게 물었고, 그 결과 콜럼버스는 총독 지위는 물론, 모든 재산을 잃고 죄인 취급을 받게 되었다. 이사벨 여왕에게 서운한 감정을 감추지 않았던 콜럼버스는 자신이 죽으면 절대로 스페인 땅에 묻지 말 것을 유언을 남겼고, 결국 자신이 발견한 쿠바에 묻혔다. 그러나 스페인 당국은 훗날 콜럼버스를 기리기 위해 그의 시신을 스페인으로 가져왔고, 그의 유언을 거스를 수 없어 땅속에 매장하는 대신 네 명의 왕이 관을 받치고 공중에 떠 있는 현재의 모습으로 세비야 성당에 안치했다.([그림4] 참조)

[그림 4] 세비야 성당의 콜럼버스 무덤

포르투갈과 함께 전성기를 구가하던 스페인은 카를로스 I 세의 영광을 잇지 못한채 후발주자인 영국에 밀리고 미국과의 전쟁에서 패하면서 초강대국의 지위를 내어 주었지만, 신대륙의 발견과 대항해시대의 개막 그리고 동서 항로의 개척 등 인류 역사 발전에 거대한 족적을 남긴 것은 분명해 보인다.

지중해의 주요 문명들이 조우했고, 이들의 화학적 결합이 통일 스페인 왕국을 통해 분출되었는데 그 결과는 근대 지중해를 풍미한 무적함대의 제국 스페인이었다. 이러한 스페인의 모든 명암을 담고 있는 곳이 안달루시아였다. 이 지역에 산재해 있는 인류의 귀중한 문화유산은 관광객들의 호기심과 식견을 넓혀 주는 좋은 소재인 동시에 역사학과 문명교류학을 연구하는 연구자들에겐 최고의 연구 대상이기도 하다.

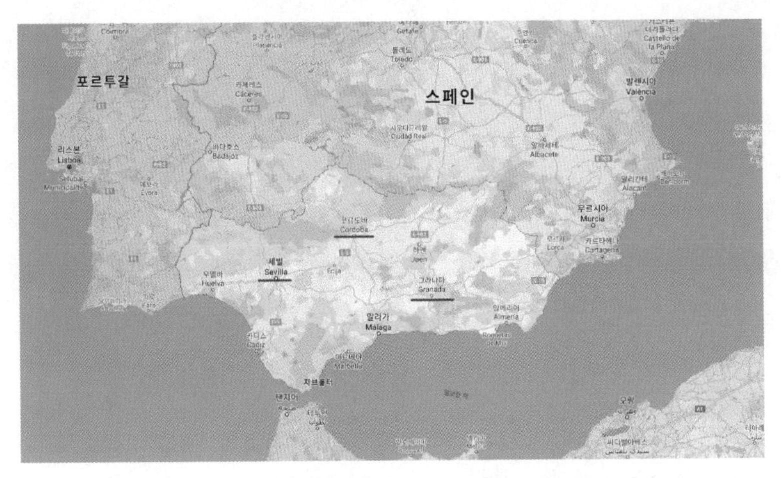

[그림 5] 이베리아 반도와 북아프리카를 이어주는 지브롤터 해협

안달루시아는 코르도바(Cordoba), 세비야(Sevilla), 그라나다(Granada), 말라가(Malaga), 하엔(Jaén), 가디스(Gádiz), 우엘바(Huelva), 알메리아(Almeria)의 8개 주로 구성되었으며 지중해 역사의 박물관으로 불릴 만큼 풍부한 역사, 문화적 자원을 품고 있다.

과달키비르(Guadalquivir) 강 주변의 비옥한 평야, 끝없이 펼쳐진 초록색 올리브 농장과 오렌지나무, 뜨거운 태양을 피해 시에스타(Siesta)를 즐길 수 있는 평온하고 느긋한 공간이 안달루시아이다. 이곳에서 세르반테스와 피카소는 문학적, 예술적 영감을 받아 불멸의 작품을 남겼다. 뜨거운 태양과 기름진 땅, 유럽과 아프리카, 지중해와 대서양을 연결하는 분기점이라는 지리적 특성 때문에 지중해의 모든 권력자들을 유혹한 곳 역시 안달루시아였다.

코르도바는 지중해 전역에서 콘스탄티노플, 바그다드와 함께 지중해 문화와 문명의 꽃이었다. 코르도바는 이슬람학은 물론 유대교와 가톨릭 신학 연구가 허용되었고 그리스 철학, 로마 법률, 비잔틴과 페르시아 예술이 꽃피는 지중해 학문과 문화가 자유롭게 소통하고 교류하는 열린 공간이었다.

안달루시아의 번영을 이끈 압둘 라흐만 2세는 코르도바를 경쟁 도시였던 바그다드보다 더 아름다운 도시로 만들기 위해 후대에 '메스키타(Mezquita)'[116]로 명명된 거대한 이슬람 사원을 지었다. 이 사원의 건축물에는 지중해 문명(그리스, 카르타고, 로마, 비잔틴과 이슬람)의 건축 양식들이 동원되었다.

CE 8세기 이슬람 사원으로 건설된 메스키타는 레콩키스타 이후에도 그 특별한 아름다움 때문에 해체되지 않았다. 오히려 기존의 이슬람 건축물에 가톨릭 성당이 추가되었지만 상이한 두 유일신 종교가 하나로 어우러진, 세계적으로 보기 드문 독특한 건축물이 되었다.

25,000명이 동시에 예배를 볼 수 있는 대규모 종교 시설인 메스키타는 800개 이상의 아치 기둥과 정교한 이슬람식 문양을 갖춘 전형적인 이슬람 사원의 모습이지만, 제단과 성가대석의 모습은 전형적인 가톨릭 성당의 모습이다. 종교간 공존과 화합의 상징물이라 하기에 부족함이 없다.

메스키타(1984년) 이외에도 알카사르(1994년), 메디나 아자하르(2018년), 파티오 축제(2012년) 등 종교간 화합과 공존의 소중한 상징물을 갖고 있는 코르도바는 유네스코 세계 문화 유산을 가장 많이 보유한 도시이기도 하다.

과달키비르 강가에 위치한 내륙 항구 도시 세비야는 로마시대에

116) 'mezquita'는 '이슬람 사원'을 의미하는 아랍어 'masjid '의 차용어이다.

는 'Hispalis'란 명칭으로 불린 지방 거점 도시로서, 서고트족과 이슬람의 문화를 공유하고 있다. 통일 스페인 왕국 시대에는 콜럼버스, 마젤란 등 신대륙 탐험가들이 첫 항해를 시작한 도시이기도 했다. 대항해시대에는 신대륙으로 부터 엄청난 금은보화와 노예가 세비야를 통해 스페인으로 유입되었다.

세비야의 상징적 건축물인 세비야 대성당은 레콩키스타 이후에 이슬람 사원을 개조한 것으로, CE 17~18세기에는 르네상스, 바로크 건축양식이 가미되어 증축되면서 이슬람 건축과 서구의 건축 양식이 혼합된 문명 교류의 상징이 되었다.

그라나다는 이베리아 반도에 베르베르인들이 마지막으로 건설한 나스르 왕국(Nasrid dynasty, 1232년~1492년)의 수도였다. 12~14세기에 완성된 알함브라 궁전은 이베리아 반도의 가장 위대한 이슬람 건축물로 간주된다. 햇볕에 말려 붉은 색깔을 띠게 된 벽돌을 사용한 덕분에 궁전 전체가 붉은 빛을 띠게 되어 아랍어로 '붉은 성'이라는 뜻을 가진 알함브라 궁전은 서고트 왕국 시대의 요새를 증축한 것이다. CE 13세기에 나스르왕조의 무함마드 1세(Abu Abdullah Muhammad ibn Yusuf ibn Nasr, 1195~1273)가 성안에 왕궁을 축성한 후 후대의 증개축을 거친 끝에 유수프 1세(Abu al-Hajjaj Yusuf ibn Ismail, 1318~1354) 때 현재의 모습을 갖추었다.

그리스와 로마 등 지중해 문명을 계승한 이슬람은 의학, 법학, 과학, 농학 등과 같은 실용 학문의 발전에 큰 기여를 했다. 특히 무슬림은 건축 분야에서 뛰어난 재능과 발전을 보였다. 그리스, 로마, 비잔틴, 페르시아 양식이 반영된 돔과 뾰족한 첨탑, 아라베스크 무늬의 장식은 이슬람 건축 예술의 상징이었다. 알함브라 궁전은 이슬람 건축물이지만 동시에 고대이후 지중해의 역사가 잉태한 모든 문명권의 다양한 건축유산이 접변된 형태로 표현된 대표적인 상징이나 다름없었다.

시에라 네바다 산맥(Sierra Nevada, 3470m)을 배경으로 그라나다의 깎아지른 벼랑 위에 세워진 알함브라 궁전은 '지상의 천국'으로 묘사되었다. 1492년 통일 스페인 왕국에게 왕국을 넘겨 준 나스르왕국의 마지막 왕 무함마드 12세(Abu Abdallah Muhammad XII, Boabdil, 1460~1533)는 시에라 네바다 산맥을 넘으면서 '그라나다를 잃은 것은 아깝지 않지만 알함브라를 다시 볼 수 없는 것이 원통하다.'며 눈물을 흘렸다고 한다.

[그림 6] 알함브라 궁전

알함브라 궁전은 통일 스페인 왕국의 치하에서 철저히 외면되었다. 가톨릭의 부활을 추진하던 통일 스페인 왕국에게 알함브라 궁전은 불편한 이교도문화의 상징물이었기 때문이다. 하지만 그 위대한 아름다움 덕분에 의도적인 파괴는 모면할 수 있었다.

방치되었던 알함브라 궁전은 약 4세기 후인 1823년 미국인 작가

워싱턴 어빙(Washington Irving, 1783~1859)에 의해 재탄생했다. 주(主)스페인 미국 공사관으로 근무하던 워싱턴은 스페인 여행 중에 알함브라 궁전에서 듣게 된 무어인들의 이야기들로 소설 『알함브라(*Tales of the Alambra*)』를 출판했다. 그는 이 소설에서 찬란했던 이슬람문화, 버려진 알함브라, 달빛 아래 칼을 든 병사, 그라나다를 떠나야 했던 무어인들의 비애, 나스르왕국의 마지막 왕 보압딜의 회한 등을 섬세하고 생동감 있게 묘사했다. 작가와 문학 작품의 힘으로, 어쩌면 잊혀 질 뻔했던 인류의 소중한 문화유산을 구해낸 것이다.

이러한 소중한 문화유산을 담고 있는 안달루시아는 문명교류사 연구자들에게 소중한 연구 자산이 아닐 수 없다. 상호 이질적이며 다소간 배타적인 이(異)문명들이 세대 반복의 접변을 통해 새로운 시대의 문명으로 변천되는 과정의 모든 여정을 보여 주고 있기 때문이다.

헤겔은 역사가 정반합의 과정을 거쳐 발전해 나간다는 변증법을 주장했지만, 이 주장은 문명의 발달 과정에도 적용되는 것 같다. 기존의 문명에 새로운 문명이 이식되고 이식 과정에 갈등이 생기기도 하지만, 곧 상호 소통을 통해 공존의 지혜를 찾아 가는 과정이 인류문화와 문명의 발달 과정이다. 의학적으로 새 피부를 기존 피부에 이식하면 일정 기간 부작용이 생기지만, 곧 이식된 피부가 기존 생체 피부에 적응하는 것과 같은 이치이다.

문명과 문화의 용광로이자 가교로서 안달루시아의 역사, 문화적 기여는 전 스페인 문화부 장관 루이스 알베르토 데 쿠엔카와(Luis Alberto de Cuenca)의 고백에서도 잘 드러난다. “스페인 문화는 고대의 그리스-로마문화에서부터 게르만과 이슬람, 심지어 아메리카의 인디언문화까지 수용해 조화롭게 발전되었다. 스페인은 비잔틴문화와 중세 이슬람 예술을 스페인이라는 기독교적 풍토에서 가장 아름답게 형상화시켰다. 알함브라 궁전은 스페인의 역사를 관통하는 문화적 표현이자 시대정신을 반영한다. 이슬람문화가 비록 아랍권에서 전해지긴 했지만 현재 스페인문화의 정체성을 형성하는 가장 중요한 요소라고 할 수 있다."

안달루시아는 교류와 소통, 상호 이해와 공존을 자양분으로 삼고 발전하는 인류문화의 본질을 그 자체를 통해 온 몸으로 가르쳐 주고 있다. 다문화와 소통 및 공존이 키워드가 된 21세기 지구촌에서 안달루시아의 역사와 삶의 궤적은 현 인류에게 그만큼 시사하는 바가 크다.

참고문헌

Pike, A. W. G.etc. 2012. "U-Series Dating of Paleolithic Art in 11 Caves in Spain". *Science.* 336 (6087): 1409–1413.

https://www.donga.com/news//article/all/20010520/7692098/1

6인의 전문가가 말하는

안달루시아 문명교류

Andalusian Civilizational Exchanges described by 6 Scholars

초판인쇄 2020년 10월 30일
초판발행 2020년 10월 30일

지은이 지중해지역원
펴낸이 채종준
펴낸곳 한국학술정보㈜
주소 경기도 파주시 회동길 230(문발동)
전화 031) 908-3181(대표)
팩스 031) 908-3189
홈페이지 http://ebook.kstudy.com
전자우편 출판사업부 publish@kstudy.com
등록 제일산-115 호(2000. 6. 19)

ISBN 979-11-6603-188-5 93920